見えないものに目を注いで

キリスト信仰に生きた人たち

わたしたちは見えるものではなく、
見えないものに目を注ぎます。
見えるものは過ぎ去りますが、
見えないものは永遠に存続するからです。

コリントの信徒への手紙二・四章一八節（新共同訳聖書）

【目次】

推薦のことば

このたび敬愛する山形謙二先生（神戸アドベンチスト病院名誉院長）が、説教や講演で語られた信仰に生きたキリスト者たちの物語を本書にまとめられました。キリスト者とは、イエス・キリストを個人的救い主として信じ受け容《い》れるだけではなく、人生の主として信じ従う者です。彼らがどのようにキリストと出会い、キリストがどのようにその人生を導かれたか、一読して深い感銘に打たれました。本物のキリスト信仰がここに証《あか》しされています。一人ひとりが中途半端ではない本物のキリストの証人です。

「証人」を表す新約聖書の原語ギリシャ語「マルチュース」は、「殉教者《じゅんきょう》」を意味する言葉でもあります。真実のキリスト信仰者は、キリストの証人でありキリストの殉教者なのです。キリストの「わたしについて来たい者は、自分を捨て、日々、自分の十字架を背負って、わたしに従いなさい」（ルカによる福音書九章二三節）との言葉への忠実な服従の姿がここにあります。

宣教師、牧師、文書伝道者、医師、教師、大統領、加害者、被害者、病者、一般人……、さまざまな人々がキリストの証人として本書に登場します。彼らを証人として立たしめたのは、彼らの神の御言葉、聖書への絶対的信頼、そして神への篤《あつ》い祈りです。み言葉と祈りによって彼らは、キリストとその神を信じ続け、神につながり、神の愛を受け続けたのです。本書に記されたすべてのキリスト者の物語が、本書に引用されている神学者レオン・モリスの言葉を証明します。

「愛は愛を生む。神の愛が私たちに達するとき、それは私たちを変革する。それは奇跡である。キリストと共に死に、キリストと共に蘇《よみがえ》るとき、自己中心的生き方が、愛によって置き換えられる。神の愛に応答するときに、愛の人に変えられていく」(『愛――聖書における愛の研究』)。キリストにあって新生したキリスト者の愛、赦《ゆる》し、献身、真実、忠実、自己犠牲の人生は、キリストとひとつとなって生きる人生の証《あかし》に他なりません。

本書最終章では、山形謙二先生ご本人のキリスト信仰の証が語られています。セブンスデー・アドベンチストの家庭にクリスチャン三世として生まれた先生のキリスト信仰は、真摯《しんし》で実直です。その信仰には裏も表もなく真実で、そのライフスタイルのすべてに表されています。東京大学在学中のアドベンチスト信仰の葛藤《かっとう》と証、米国留学への導き、医学部での学びとアドベンチスト信仰理解の深化、すべてはキリストと共に歩む山形先生の真実の信仰告白です。その経験から、「私たちは、主が私たちを導かれた方法と過去の歴史における主の教えを忘れない限り、将来に対して恐れるものは何もない」とのエレン・ホワイトの言葉は、山形先生ご自身の信仰の証そのものとなっています。

ぜひ本書を通してキリスト者とは何者か、キリストを信じるとはどういうことなのか、この問いに対する一つの答えを知っていただければと思います。

セブンスデー・アドベンチスト教団総理　島田真澄

第一章　赦《ゆる》しの愛に生きる

罪責と赦《ゆる》しの福音

――モンテンルパをめぐる愛と赦しの物語1

今日の聖句

「だれに対しても悪をもって悪に報いず、すべての人に対して善を図りなさい。……『もしあなたの敵が飢えるなら、彼に食わせ、かわくなら、彼に飲ませなさい……』。悪に負けてはいけない。かえって、善をもって悪に勝ちなさい」

（ローマ人への手紙一二章一七～二一節、口語訳）

瞑想の言葉

「愛は愛を生む。神の愛が私たちに達するとき、それは私たちを変革する。それは奇跡である。キリストと共に死に、キリストと共に蘇《よみがえ》るとき、自己中心的生き方が、愛によって置き換えられる。神の愛に応答するときに、愛の人に変えられていく」

（モリス『聖書における愛の研究』、三一三頁）[2]

今年（二〇一六年）は、日本とフィリピン間で平和条約・賠償協定が発効した「国交正常化」からちょうど六〇年にあたります。これを記念して、今年一月、天皇皇后両陛下（当時）がフィリピンをご訪問され、親善と慰霊の旅をされたことはまだ我々の記憶に新しいところです。

アキノ大統領主催の歓迎晩餐会の席で、天皇陛下は次のように述べられました。

「昨年、私どもは、先の大戦が終わって七〇年の年を迎えました。この戦争においては、貴国の国内において日米両国間の熾烈《しれつ》な戦闘が行われ、このことにより貴国の多くの人が命を失い、傷つきました。このことは、私ども日本人が決して忘れてはならないことであり、このたびの訪問においても、私どもはこのことを深く心に置き、旅の日々を過ごすつもりでいます」

一九四一年、日本軍はフィリピンに侵攻しました。この時、数万人のアメリカ兵とフィリピン兵捕虜を一〇〇キロメートルにわたって移動させて多くの死者を出した、あの悪名高い「バターン死の行進事件」が起きています。フィリピン全土での日本軍の死者数は四九万八六〇〇人、フィリピンの民間人の死者数は五〇万から一〇〇万人とも言われています。

最も悲惨であったのは、大戦末期の首都マニラにおける熾烈な日米決戦でした。一九四五年二月から三月にかけての決戦での死者数は、米軍一〇一〇人に対して、日本軍は一万六六六五人でした。日本軍は少数の投降者を除いてほぼ全滅しました。この決戦のフィリピン民間人死者数は約一〇万人と言われています。

フィリピンでは、日本兵は多くの虐殺《ぎゃくさつ》事件にかかわりました。

その一つが「セントポール大学虐殺事件」です。この大学は日本軍が接収して使用していましたが、一九四五年二月九日、食料品の盗難事件が起こりました。すぐさま、日本軍は「砲火から保護する」として、住民にセントポール大学に集まるように命令しました。大学構内で待機していた彼らは正午過ぎ、食料品を配布するとのことで食堂に集められました。食料に飢えた住民たちが食堂に殺到したまさにその時、シャンデリアに仕掛けられた爆弾がさく裂しました。逃げ惑う人々に外から手りゅう弾が投げ込まれ、窓から機銃掃射が行われたのです。ここで、四三〇人が殺されたのでした。

翌二月一〇日には、約五〇〇人のドイツ人とフィリピン人が殺害された「ジャーマン・クラブ事件」が起こりました。これらの事件は、米軍に追い詰められ、自暴自棄に陥った日本兵たちが起こした実に悲惨な事件だったのです。

日本軍は壊滅し、戦争は終結しました。捕虜となった日本兵は、怒りと憎悪と罵倒《ばとう》の中で、見せしめとしてマニラの町の中を行進させられました。

投降した日本兵のうち、一八七人は無罪として日本への帰国が許されましたが、最終的には一五一人が有罪とされ、そのうち半数以上が死刑判決を受けたのです。有罪となった一五一人は、マニラ近くのモンテンルパ刑務所に収容されました。

当然の如《ごと》く、フィリピン社会では日本人に対して、怒りと憎悪の声が激しく巻き起こっていました。投降した日本兵の中で、残虐行為に加担した者は自分のなした行為の罪意識に悩まされ、無実の罪を負わされた者は絶望落胆の日々を過ごすことになったのです。

アンドリュー・ネルソン牧師

『フィリピンBC級戦犯裁判』という本があります。[3] モンテンルパ刑務所に収容された日本人戦犯たちが、どのような生活を送ったのか、いかに裁判が進められ、そして処刑あるいは恩赦《おんしゃ》に至ったかを詳述しています。この本の中に次のような文章が出てきます。

「獄窓の日本人戦犯たちに対して、様々な救いの手が差し伸べられた。わけても、加賀尾教誨《きょうかい》師、ネルソン牧師の存在は大きく、戦犯たちを励ました」[4]

モンテンルパと言えば加賀尾秀忍《しゅうにん》師と言われるほどに、彼は有名な存在ですが、ネルソン牧師については一般にはあまり知られていません。ここで、まずアンドリュー・ネルソン（Andrew N. Nelson）牧師についてご紹介してみたいと思います。

彼は、一八九三年、米国ワシントン州にて、アドベンチストの両親のもとに生まれました。二五歳で結婚し、奥様と共に日本伝道を志します。まさに結婚した年、彼らは、アドベンチスト教団の宣教師として派遣され、来日したのでした。

当時の日本は、軍国主義の時代で、彼ら米国人にとっては、決して住みやすい社会ではありませんでした。来日して八年目、彼は、千葉県の楢葉《ならは》（現在の袖ケ浦市）に日本三育学院を創立し、初代院長となりました。学校用地の測量も、木々の伐採《ばっさい》も、学校建設も、ネルソン院長が率先して、教師・学生たちと共に自らの手で行いました。

日本三育学院は、まさに教師と学生が一緒になって松原を切り開き、汗と血をもって荒れ地を開いた学校でした。山本治一《じいち》先生の作詞による日本三育学院の校歌は、今もなお、大多喜の三育学院大学に受け継がれています。

ここ房総の　松原続く　丘に響くは　先駆けの鐘
汗と血をもて　荒れ地を開き　築きし母校は　我らが誇り

日本をこよなく愛したネルソン夫妻の和服姿の写真が残されています。一八年間の日本三育学院での教育活動の後、ネルソン牧師は、四三歳で日本アドベンチスト教団の総理に任命されました。彼は、当時の軍部の圧力の中で難局に当たったのです。

しかし、米国人宣教師への圧力が厳しくなる中で、一九四〇年、世界教団本部の指示に従ってやむなく離日せざるを得ませんでした。

ここで二二年にわたる彼の日本での宣教師活動に終止符が打たれたのです。

私は、一九七二年、留学のため渡米したのですが、その頃、八〇歳になったネルソン先生は、ラシエラ大学で教育学の名誉教授として、まだ教鞭《きょうべん》を執っておられました。[5] 彼とはお会いして親しくお話しする機会がありましたが、当時も本当に流暢《りゅうちょう》な日本語で話しておられました。残念ながら、ネルソン先生は一九七五年、香港旅行中に客死されました。

日本生まれの長男リチャード・ネルソン氏は、母国でロマリンダ大学医学部を卒業してから、ミショナリー・ドクターとして来日しました。難関の日本語の医師国家試験をみごとに突破して、東京衛生病院で働かれ、後に第四代院長として活躍されました。

私の留学中、リチャード・ネルソン医師は、留学先のロマリンダ大学の近くのコロナで開業されていて、私たち日本人留学生がよくお世話になったものでした。お会いすると懐かしそうに日本語で話しかけてこられ、「日本語を使わないとさび付いちゃうから」というのが彼の口癖でした。

アンドリュー・ネルソンと言えば、世間一般では、ネルソン漢英辞典の執筆者として広く知られています。[6]インターネットで英語のウィキペディアを見ますと、アンドリュー・ネルソンの項があります。ここでは、辞書執筆者（Lexicographer）として紹介され、「アメリカの宣教師、東アジア言語学・文学の学者、日本語辞書の業績で最もよく知られている」とあります。

リチャード・ネルソン医師が東京衛生病院で働いておられた頃、当時の米国のライシャワー駐日大使の奥様であるハル夫人が彼の患者でした。たまたま、お父さんのアンドリュー・ネルソン牧師が来日していた時、ハル夫人と共にライシャワー氏が来訪されました。リチャード・ネルソン医師は、ライシャワー氏に父のアンドリュー・ネルソン牧師を紹介しました。

その時、アンドリュー・ネルソン牧師から、自作のカード式の漢英辞書を見せてもらったライシャワー大使は、ぜひ英語の漢字辞典（漢英辞典）を出版するように強く勧めたのです。ライシャワー氏は、駐日大使に任命される前は、ハーバード大学の極東アジア言語学教授でした。

その結果、出来上がったのが『ネルソン漢英辞典』でした。私の書斎にも一九六二年の初版本があります。以来、現在も版を重ねながら、欧米の日本語研究者の必携書として今日に至っています。

ネルソン牧師とモンテンルパ

さて、第二次世界大戦後、ネルソン牧師は、戦争によって破壊されたフィリピン・ユニオン大学(PUC)を再建するべく、学長として招聘《しょうへい》されました。[7]フィリピン駐留米軍のチャプレンはアドベンチストでした。彼は、モンテンルパの日本人戦犯者たちのために、日本語が堪能なネルソン学長に援助を求めたのです。

ネルソン学長は、一回だけの訪問のつもりで、ある土曜日の午後、モンテンルパを訪問しました。しかし、そこで傷つき落胆している日本人戦犯たちの惨状を目の当たりにし、本格的にかかわることになりました。毎週土曜日の午後になると、彼は、PUCの教師や学生たちを引き連れ、多くの食料品を携えて訪問したのです。

受刑者たちは心の平安を切に求めていました。ネルソン牧師は毎週、監獄内で流暢な日本語で聖書研究会を持ちました。この聖書研究会には，いつも数十名の参加者がいました。

彼らは自分の犯した罪に悩まされていましたが、キリストの十字架の死のゆえに自分の罪が赦されていることを知り、真の平安と慰めが与えられたのでした。そして、ついに一九名の者が、キリストを救い主として受け入れ、バプテスマ（洗礼）を志願したのです。特別の許可が与えられて、一九四九年一〇月二九日、一九名の戦犯たちはPUCに出向き、バプテスマを受けました。受洗者一九名のうち一三名が死刑囚だったのです。

罵倒と怒号の中で、モンテンルパの刑務所に収容された彼らは、ここではPUCの千数百名の教師・学生みんなから温かく迎えられました。しかし歓迎した教師・学生たちのほとんどは、その家族を日本兵によって殺された人たちでもありました。大学の教師・学生など一同が見守る中、特設水槽でバプテスマ式が挙行されたのでした。[8]

この一九名の洗礼式は、フィリピン社会に鮮烈な印象を与えました。フィリピンの主要各紙は、こぞってこの洗礼を大きく報じました。フィリピン・キリスト教会連盟は、二日後の一〇月三一日、受洗者一九名の戦犯のうち死刑囚一三名について、量刑を終身刑に減刑するようにキリノ大統領に申し入れたのです。

モンテンルパと言えば、「モンテンルパの夜は更《ふ》けて」の歌がよく知られています。この歌を作詞したのは死刑囚・代田《しろた》銀太郎元憲兵少尉でした。彼の故郷の長野県飯田市には、「あゝ　モンテンルパの夜は更けて」の歌詞が刻まれた記念碑が建っており、代田銀太郎作詞と紹介されています。

彼もまたネルソン牧師の聖書研究会に熱心に参加し、ついにバプテスマを志願しました。彼は、自身のバプテスマを受けた時の状況をこう記しています。

「モンテンルパの刑務所。雨上がりの午後、雲は高く上がって空が明るく輝いてきた。病院裏の空き地にあるプールには、あふれるばかりの清水がたたえられ、傍《かたわ》らのマンゴの大樹の緑を映している。プールの中にはネルソン先生が腰まで水に漬《つ》かって立っている。代田兄弟、マナライサイ先生の澄んだ声。私が辻さんとネルソン先生の手に支えられて水中に立つと、ネルソン夫人とダイヤ夫人が歌ってくれる讃美歌が透き通った日本語で水面にこだます。洗礼式である。昭和二五年七月八日、安息日であった[9]」

日本人戦犯の処刑

ところが、この半年後、このような平和の日々を一変させた衝撃的な事件が起ったのです。

一九五一年一月一九日午後七時半、突如一四名の死刑囚が「刑務局長の面会」との理由で呼び出されました。彼らは、大学からのネルソン牧師の到着を待って、刑務所外にある控え室に連行されました。そこで死刑執行官が、大統領の執行命令書を読み上げました。

その後一四名に紙と鉛筆が手渡され、遺言を書くために一時間が与えられました。一四人のうち、八人は仏教徒、六人はクリスチャンでした。

ネルソン牧師は担当の六人に対して、加賀尾師が八人に対して、最後の言葉を述べました。それから、三〇分ごとに一人ずつネルソン牧師と加賀尾師の二人に付き添われて、刑場へ向かったのでした。

ネルソン牧師の伝記が二〇一〇年に出版されています。[10]この本の冒頭は、モンテンルパで、日本人戦犯の処刑に立ち会う衝撃的な場面から始まっています。

「マニラ近くの刑務所の死の家で待っていたアンドリュー・ネルソンは時計を見た。朝の四時であった。既《すで》に彼は一三人の日本人戦犯者を絞首台へ送り届けていた。あともう一人だ。外は、しとしとと絶え間なく雨が降り、厚い雲がかかり、気味悪い温かい空気が月をさえぎっていた」

二番目に刑を執行された中村元大尉は、アドベンチストになった最初の日本人戦犯者でした。ネルソンは、彼が無実の罪を課されていることを知っていました。刑場までの最後の歩みをしながら、中村は日本にいる妻と一〇歳の息子のことを静かに話したのでした。

伝記にはこう描写されています。

「絞首刑への階段の下に着いた時、中村大尉はネルソンをじっと見つめてこう言った。『おやすみなさい。明日、またお会いしましょう』（これは聖書のクリスチャンの復活の朝を想定した言葉です）。その間、中村大尉は堂々として彼のどこにも犯罪者の影は無かった。その間中、中村大尉は祈っていた。力強い美しい日本語の祈りが闇《やみ》に響いた。その祈りは、ネルソン以外誰も理解できなかった。それは、心の底から出てきた勇気ある自然でごく個人的な信仰の叫びであった。そしてそれは間もなく途絶えた。

踏み台が外され、そしてこの善良なる人物の生涯は終わった。看守の責任者がネルソンに『彼は何と言ったのか？』と尋ねた。ネルソンはその祈りを訳して聞かせた。もう一人が尋ねた。『それでは、彼はクリスチャンだったのですね』と言って『アーメン』と付け加えた。それに対し、ネルソンは『そうだ。クリスチャン、彼こそは本当のクリスチャンだった』と誇らしげに応じた[11]」

ネルソン牧師は、今までこのようなむごい処刑の場面には、立ち会った経験がなかったのです。彼は、二年以上彼らにかかわってきました。処刑された一四人のうち六人は、よく知っている愛すべきクリスチャン、それも自分がバプテスマを施した兄弟であり、あとの三人は彼の聖書研究会にいつも参加していたキリストにある仲間たちであったのです。

この苦しく悲しい衝撃的な処刑の立ち会い体験は、ネルソン牧師をほとんどショックといってもよいほどの極限状態に追い込みました。しかし、キリスト者の天国での再会の希望は、せめてもの慰めであったのです。

キリノ大統領の苦悩の決断

この衝撃的な処刑の後、ますます多くの助命嘆願が、日本から世界から当時のキリノ・フィリピン大統領に届けられました。ネルソン牧師や加賀尾師も熱心に助命活動し、ネルソン牧師は自分が身元引受人になるという条件まで提出して奔走《ほんそう》したのです。

助命嘆願を受けたキリノ大統領自身も、自分の妻と子供三人が日本兵により殺害されていました。彼の妻は、米軍の誤爆により破壊された自宅から二歳の三女を抱いて逃れる途中、路上で日本兵に射殺されたのです。そして、路上に放り出され泣き叫んでいた二歳の女児を、日本兵は一突きで刺殺したのでした。

キリノ大統領は、助命嘆願者に対し、涙ながらにこう答えました。

「あなたがたの気持ちはよく判る。出来るだけのことはしよう。しかし、日本兵のために血まみれになった我が子を腕に抱いて介抱した時の私の気持ちも察して欲しい」[12]

長い間の「憎悪と赦しの葛藤《かっとう》」の末、ついにキリノ大統領は日本兵恩赦を決意したのです。

「私はこれまで、日本人戦犯に対する恩赦の請願を、色々な形で熱烈に受けてきました。しかし、最後の最後まで赦すことが出来ませんでした。なぜなら私は妻と三人の子供たち、さらに五人の家族を日本兵に殺されたからでした。しかし、もし私がこの個人的な怨《うら》みをいつまでも持ち続けるなら、私の子供たちも、次々と永遠に持ち続けることになるでしょう。将来、フィリピンと隣り合わせの位置にある日本との関係は、あらゆる点において親しく助け合って共存共栄の実を挙げなければなりません。そのためには私恨《しこん》を断ち切らなければならないと決心したのです」

彼は、まず最も傷ついていた長男トーマスの理解を求めました。

トーマスは次のように回顧しています。

「ある晩、父は日本軍占領下で私たちが受けた被害のすべてを赦し、忘れるように求めました。このことが、父との会話で最もよく覚えていることです。父はこう言いました。『君たちにとって難しいことは分かっているが、私は日本人を赦そうと思っている。というのも私たちは隣人なのだし、隣人は互いに語り合うことを学ばなければならず、共に生き、貿易をし、助け合わなければならない。……私たちが先頭に立って過去の争いを赦し、これを忘れ、隣人として共に生きていこう。憎しみを忘れなさい。憎しみに囚《とら》われてしまうと、君たちの心をかたくなにし、自分の子供にも憎しみが受け継がれてしまうから』」

彼は、キリスト信仰と未来志向の観点から、戦争によって生じた憎しみの連鎖を断ち切ろうと決意したのでした。

しかし、このような恩赦は、フィリピン議会や国民にとって決して受け入れられるものではありませんでした。彼は、大統領としての責任と権限において、議会の同意を必要としない恩赦の道を選びました。この恩赦の決断は、彼が次の大統領選挙で敗北を喫《きっ》する一因ともなったのでした。

しかし、彼は政治生命をかけてまでも、赦しの精神を貫いたのでした。とても「赦せない者を赦す」という奇跡がここに起こったのです。

ついに、一九五三年七月七日、キリノ大統領の「恩赦の伝達式」が行われました。あの衝撃的な一四人の処刑から、二年半後のことでした。伝達式から二週間後の七月二二日、日本中の熱烈な歓迎の中、ついに彼らは横浜港に帰還したのでした。

福音の生き証人として

ネルソン牧師の助命嘆願書には、こう書かれていました。

「フィリピンはキリスト教国である。もし日本人の戦犯死刑囚が生かされれば、彼らはキリスト教精神の力、そして地に落ちた罪びとさえも、救う福音を示す生き証人となろう」[13]ネルソン牧師の言葉の通り、彼らは戦後日本の福音の生き証人となりました。そのうち三名の方々を紹介したいと思います。

その一人は、元軍医市瀬晴夫氏です。彼は東大医学部出身のクリスチャンでした。ネルソン牧師が訪れる前から、彼が中心となって聖書研究会や祈祷会が開かれていました。学生時代、彼が東大ＹＭＣＡに属していた関係で、それを知った日本ＹＭＣＡが世界ＹＭＣＡを動かし、フィリピン政府に働きかけたのです。帰還後、彼は東京衛生病院の内科医師として戦後の東京衛生病院の復興の礎《いしずえ》となり、最後は院長として活躍したのでした。

モンテンルパの死刑囚であった元陸軍大尉市村勲氏は、一九四九年、フィリピン・ユニオン大学でネルソン牧師からバプテスマを受けました。彼は俳人でもあり、独房で九五〇首の短歌を詠《よ》んでいます。アララギ派の同人誌「アララギ」にも四七首を発表しています。一九五三年の釈放後、日本伝道のために訪れた米国人宣教師たちに日本語を教え、またその国語力を生かしてネルソンの漢英辞典の出版に尽力しました。後に日本三育学院高校の国語の教師、そして教頭として教育界で活躍しました。

ネルソン牧師から洗礼を受けた辻長一氏は、『幽閉　モンテンルパ』という本を書いています。彼は、ネルソン牧師が主催する「聖書研究会」に出席していました。無期懲役だった辻長一氏は、恩赦後、長崎県佐世保市のアドベンチスト教会の長老として活躍されました。

赦す愛の奇跡

日本兵によって愛する家族を殺害されたキリノ大統領にとって、赦すことは決して容易なことではありませんでした。彼は、「赦し」を「神への信仰」によって解決したのです。ここに「赦す愛の奇跡」が生じたのでした。キリノ大統領はこう述べています。

「もし私たちが仰ぎ見る主がおられなければ、私は隣人（日本）のために高潔な心を抱く余裕はないはずです。……主にならって、私たちは憎しみや恨みの気持ち、あるいは隣人に対する否定的な精神を永遠に持ち続けるわけにはいきません。天に主がおられると信じる限り、私たちは自分たちの高潔さと尊厳を示すため、全ての苦しみを主にゆだねるからです[14]」

キリノ大統領は、「日本兵への赦し」を神への信仰によって解決したのです。このような「赦し」は、相手本位の決断によってのみ実現可能であったのです。そして、この相手本位の決断はキリスト信仰に裏付けされて初めて、「敵をも赦す愛」となり得たのでした。

今日の聖句をもう一度お読みしたいと思います。

「だれに対しても悪をもって悪に報いず、すべての人に対して善を図りなさい。……『もしあなたの敵が飢えるなら、彼に食わせ、かわくなら、彼に飲ませなさい……』。悪に負けてはいけない。かえって、善をもって悪に勝ちなさい」

（ローマ人への手紙一二章一七～二一節、口語訳）

聖書の告げる愛とは、アガペーの愛です。それは他者中心の愛です。そして、それは神によってのみ可能な愛となるのです。

レオン・モリスはこう言うのです。今日の瞑想の言葉に引用させていただきました。

「愛は愛を生む。神の愛が私たちに達するとき、それは私たちを変革する。それは奇跡である。キリストと共に死に、キリストと共に蘇《よみがえ》るとき、自己中心的生き方が、愛によって置き換えられる。神の愛に応答するときに、愛の人に変えられていく」[15]

神の愛は奇跡を生み出すのです。神の愛が私たちに達するとき、それは「赦す愛の奇跡」となって、キリスト者の生活の中に実現されていくのです。「神の愛」は私たちを、「愛の人」へと変革していくのです。

最後に、新約聖書、ヨハネの第一の手紙四章七、八節をお読みして終わりにしたいと思います。

「愛する者たちよ。わたしたちは互《たがい》に愛し合おうではないか。愛は神から出たものなのである。すべて愛する者は、神から生《うま》れた者であって、神を知っている。愛さない者は、神を知らない。神は愛である」（口語訳）

［脚注］

本稿は主として左記の四文献を参考にしている。
Dorothy Minchin-Comm & Dorothy Nelson-Oster, "An Ordered Life: The Andrew N. Nelson Story", Trafford, 2010.
永井均『フィリピンＢＣ級戦犯裁判』講談社、電子書籍版、二〇一五年
中井純子「戦いを超えて――宣教師 Andrew N. Nelson の生涯と働き」、明治学院大学キリスト教研究所紀要、47：193-226、2015年1月31日
辻長一『幽閉 モンテンルパ』戦誌刊行会、一九八四年

1 初出 ロサンジェルス地区日系アドベンチスト教会合同礼拝説教 二〇一六年五月二八日
原題「汝の敵を愛せよ」ＬＡセントラル日本人コミュニティー教会にて
2 レオン・モリス『愛――聖書における愛の研究』（佐々木勝彦他訳）教文館、一九八九年、三一三頁
3 永井均『フィリピンＢＣ級戦犯裁判』講談社、二〇一三年、（電子書籍版 二〇一五年）
4 永井均『フィリピンＢＣ級戦犯裁判』講談社、二〇一五年、電子書籍版 位置No. 2064/4627
5 Emeritus Professor of Educational Foundations, La Sierra College
6 The Nelson Japanese-English Character Dictionary, Charles E. Tuttle Company, 1962.
7 フィリピン・ユニオン大学（ＰＵＣ：Philippine Union College）
現在、ＰＵＣは、フィリピン・アドベンチスト大学（ＡＵＰ：Adventist University of the Philippine）と改名され、医学部・歯学部などを擁するフィリピンの代表的総合大学となっている。
8 辻長一『幽閉 モンテンルパ』戦誌刊行会、一九八四年、一二一頁

9　代田銀太郎「回顧録に寄せて」、辻長一『幽閉　モンテンルパ』戦誌刊行会、一九八四年、二〇七頁に収載

10　Dorothy Minchin-Comm & Dorothy Nelson-Osler, An Ordered Life, The Andrew N. Nelson Story, Trafford Publishing, 2010

11　前掲書、pp.2-3

12　永井均『フィリピンＢＣ級戦犯裁判』講談社、電子書籍版、二〇一五年、位置No.2371/4627

13　前掲書、位置No.1942/4627

14　前掲書、位置No.2490/4627

15　レオン・モリス『愛――聖書における愛の研究』（佐々木勝彦他訳）教文館、一九八九年、三一三頁

赦《ゆる》す愛の奇跡
――キリストの愛が起こした奇跡 1

今日の聖句

「『目には目を、歯には歯を』と言われていたことは、あなたがたの聞いているところである。……しかし、わたしはあなたがたに言う。敵を愛し、迫害する者のために祈れ。こうして、天にいますあなたがたの父の子となるためである」

（マタイによる福音書五章三八、四四、四五節、口語訳）

瞑想の言葉

「イエス・キリストのご生涯は、この地上ではまだ終わっていない。キリストはそのご生涯を、キリストに従う者たちの生活の中でさらに生き給う」

（ボンヘッファー『キリストに従う』三五四頁）

目には目を、歯には歯を

今年（二〇一二年）の九月二四日から二七日の四日間、北アジア太平洋支部のアドベンチスト病院院長会議が行われました。場所は、中国の浙江省《せっこう》の杭州市《こうしゅう》です。時悪く、中国ではちょうど尖閣《せんかく》諸島領有権を巡って、激しい反日デモが行われている最中でした。時が時だけに、教会や病院の多くの方が、中国行きを心配してくださいました。

会議がある浙江省杭州を統括する上海領事館内では、メガネを奪われて割られたり、歩行者が炭酸飲料水をかけられたり、飲食店への入店拒否などの日本人の被害報告がありました。

インターネットで外務省のホームページをみると、上海総領事館の管轄地域内における反日デモ等に関する注意喚起がなされていました。

・外出される際は、昼間であっても、周囲に注意し、日本語で大声で話をする等は控える。
・一人でタクシーに乗車することはできる限り避ける。（日本人の乗車拒否等が散見されております）
・急の用務等特段の事情がある場合を除き、当館周辺に近づかない。（当館にご用がある方は、念のため事前にご連絡ください）

在上海日本国総領事館（管轄地域：上海市、安徽省、浙江省、江蘇省、江西省）

この時期、ちょうどこの会の会長を仰せつかっており、今回の計画や準備にも関与しておりました。立場上、どうしても休むわけにはいかず、一大決心をして参加することにしました。空港から無事にホテルに着くと、多くの人が心配して待っていてくださいました。ソウル・アドベンチスト病院の院長が寄ってきて、握手をしながら冗談半分にこう言ってくれました。

「この四日間、キムという名前を貸してあげます。名前を聞かれたらキムと答えたらよいでしょう」

幸いなことに、四日間の会合も無事に終え、特に問題に遭遇することもなく、日本に帰ってまいりました。

現在、日本と中国・韓国を巡る情勢はなかなか改善しそうにもありません。反日運動には厳しいものがあります。日本車が破壊されたり、日系の店が暴徒化した民衆に襲われ放火されたりしました。多くの威勢のよい言葉が、マスコミなどインターネットをにぎわしています。

「なめられるな」

「やられたら、やり返せ」

「もっと厳しく、もっと毅然《きぜん》と」

現代は「目には目を、歯には歯を」の時代です。攻撃の時代、告発の時代なのです。現代は自己主張することが尊ばれる時代です。赦しなどは語られません。赦しは、強い者がすることではありません。強い者は、決してお詫びをしたり、赦したりはしないのです。思いやり、寛容、赦しは、弱い者がすることなのです。

しかし、キリストはこう仰せられるのです。

「『目には目を、歯には歯を』と言われていたことは、あなたがたの聞いているところである。……しかし、わたしはあなたがたに言う。敵を愛し、迫害する者のために祈れ。こうして、天にいますあなたがたの父の子となるためである」

（マタイによる福音書五章三八、四四、四五節、口語訳）

ナパーム弾の少女が説く赦し

このような憎しみと怒りの社会状況の中で、今年七月の朝日新聞の記事が目を引きました。新聞の見出しは「ナパーム弾の少女が説く赦し」で、記事はこう報告していました。

「ベトナム戦争中、ナパーム弾に焼かれた少女は、泣きながら裸で逃げた。その写真は世界中で反戦のうねりを起こした。彼女は怒りと憎しみを乗り越え、今、米国で反戦と赦しを説く[2]」

今年は、あの有名な写真のちょうど四〇周年の記念の年でした。四〇周年にあたって、彼女は「赦しと愛（Forgive and Love）」をテーマとしたのでした。

彼女の名前はキム・フックです。[3]あの有名な写真が撮影されたのは、ちょうど四〇年前の一九七二年六月八日のことでした。フックがナパーム弾の犠牲になったのは、彼女が九歳の時でした。彼女は、ベトナム戦争の空襲で、背中にひどい火傷《やけど》を負いながら、裸で逃げるあの少女だったのです。

彼女は南ベトナムのタイニン省チャンバン村で暮らしていました。その日、爆撃機二機が上空を旋回《せんかい》し、ナパーム弾を村民が避難していた寺院に投下しました。彼女が暮らしていたチャンバン村は炎に包まれ、避難していた寺院は焼け落ちました。

彼女は、みんなと一緒に逃げ出しました。衣服が燃えて脱げ落ち丸裸になった彼女は、必死で走りました。爆弾の炎を受けながら、必死になって逃げ出してくるキムの姿を、カメラが捕らえたのです。

当時の米国のニクソン大統領は、このあまりにもリアルで悲惨な写真を信じられませんでした。そしてこの写真を「合成だ」と断定したのです。この写真はベトナム戦争の報道写真の中で、最も衝撃的な一枚となりました。そして「戦争の恐怖」と題され、翌一九七三年、ピューリッツァー賞を獲得しました。爆弾に衣服を焼かれて裸で走るこのベトナム人少女の姿は、世界中の人々の心に残るものとなったのです。

カメラマン・ウトは写真を撮った後、すぐに記者仲間のウェインと共に、キムと他の子供たちを病院へ運びました。キムを担当した看護師が彼の耳元でこうささやきました。「キムは明日まで持たないだろう」と。重度の火傷《やけど》を負った彼女はとても助からないと、誰しもが思ったのです。

キムは一四か月間の入院中、一七回の手術を受けました。そして何とか一命をとりとめたのです。その後、特別のはからいで、彼女はドイツで治療を受けることができました。戦争が終わった後、ベトナム政府は彼女を特別に優遇しました。しかし、ひどい火傷が残った彼女は、ベトナム政府に利用されることになりました。彼女は、アメリカの残虐行為を証明するための広告塔とされたのです。

彼女は、自分の苦しい体験から、自分も病人を癒《いや》す者になりたいと、医者になる道を選びました。しかし医学部に入ったものの、ベトナム政府に利用されるだけ利用されて、医学の勉強どころではありませんでした。結局は医学部を中途退学をせざるを得なかったのです。

人生の夢も自由も奪われ、キムは絶望のどん底に陥りました。彼女は問いかけました。

「なぜ、私なの？」

彼女は、自分を傷つけた人たちを呪《のろ》いました。彼女の心は怒りと憎悪の念に満たされ、彼らは「自分以上の苦しみを味わえばいい」とひたすら願っていたのです。

しかし、そのような状況の中にあっても、彼女は必死になって、真剣に「生きる意味」を求め続けました。そして、ついにキリストに出会うことになったのです。

絶望のどん底にあった彼女を救ったのは、キリスト信仰でした。クリスチャンになった彼女は、神の愛を信じて自分に与えられた道を歩み始めたのです。

やがて、キューバに留学する道が開かれ、ハバナの大学に入学しました。そして留学先のキューバで、あの報道写真家ウトと再会することができました。それは、あの事件から一七年後の一九八九年八月のことでした。その三年後、ハバナで、同じベトナムからの留学生のトアンと出会い、やがて結婚することになりました。そして新婚旅行の途中に立ち寄ったカナダで、彼女は一大決心をしました。彼女は身の危険を冒して、トアンと共に亡命を決行したのです。

やがて彼女は二児の母となり、現在は、夫とともにカナダのトロントで暮らしています。

これまで彼女の歩みを支えてきたのは、キリスト信仰であり、夫トアンと共に築いてきたクリスチャン・ホームであったのです。

彼女の体に残った爆弾の傷跡は、今もなお彼女を苦しめています。広範囲の火傷のため、皮膚による体温調節ができず、気温の変化にすぐに体調が崩されてしまうのです。彼女は、こう言います。

「私の体を焼いたのは爆弾の炎でした。私の火傷を治療してくれたのは医者でした。しかし、私の心を癒すことができたのは『神の愛』だったのです」

一九九六年一一月、キムは米国でのベトナム戦争没者記念追悼会に招待されました。そこには約三千人の関係者が集まっていました。紹介されたキムは壇上に上がり、話し始めました。

「親愛なる皆様、今日こうして皆様とお会いできたことを大変うれしく思います。ご存じの通り、私はナパーム爆撃から走って逃げていたあの少女です。私は、肉体的苦痛・精神的苦痛をいやというほど、味わってきました。もう生きていけないと思ったことは何度もありました。しかし、神に救われて信仰と希望が与えられました。……

たとえあのナパーム弾を落としたパイロットの方と直接お話しできなくても、私はその方にこう言いたいのです。私たちは歴史を変えることこそできませんが、現在と未来のために善い行いをして、平和を促進していくべきではないかと……」

実はこの集会には、あのナパーム弾を落としたパイロットのジョン・プラマー（John Plummer）も参加していたのです。そこで、彼女が紹介されて壇上で話し始めた時、彼は愕然《がくぜん》としました。彼は、写真を通して彼女のことを知っていました。彼女に対する仕打ちのゆえに、あの時以来、彼はずっと良心の呵責《かしゃく》に悩まされていたのです。彼は、ベトコン（アメリカ軍と闘った南ベトナム解放民族戦線）を攻撃するため落とそうとした爆弾を、誤って住民たちが避難している寺院に落としてしまったのでした。ベトナム戦争後、プラマーは神学校に入り、その後メソジスト教会の牧師になりました。

彼女の挨拶を聴いていたプラマーは、キムが自分に向かって話しかけているのだと悟りました。彼は、紙切れに「キム、それは私だ」と走り書きして、司会者に渡しました。式典が終わって帰ろうとしたとき、司会者がキムの耳元でささやきました。

「キム、あなたが会いたいと思い続けてきた人物がわかりますか？」

「えっ？」と彼女が答えた時、司会者が言ったのです。

「その人は、あなたの真後ろにいます」

驚いたキムが後ろを振り向いた時、そこに一人の男性が苦悩に満ちた表情で立っていました。その男性こそは、あのナパーム弾を投下したジョン・プラマーだったのです。

彼女は両腕を広げて差し出しました。プラマーも両腕を差し出して、お互いに抱きしめ合ったのです。彼は、その時を振り返って、次のように言っています。


「私が言えた精一杯のことは、何度も何度も『ごめんなさい。本当にごめんなさい』ということだけでした。同時に彼女は『いいんですよ、いいんですよ、赦していますから、赦していますから』と言っていました」[4]

「赦していますから。赦していますから」

キリストにある信仰のゆえに、キムは、心からジョン・プラマーを赦すことができたのです。

悲惨な写真の四〇周年の記念の年にあたって、彼女は「赦しと愛（Forgive and Love）」をテーマとしました。以前、彼女は「自分を傷つけた人たちを呪い、彼らが自分以上の苦しみを味わえばいい」と思っていました。その彼女の傷ついた心を癒すことができたのは、「神の愛のみ」でした。そして、神の愛に癒された彼女は、人を赦す者に変えられていったのです。

私たちキリスト者は、毎日「主の祈り」で「我らに負い目あるものを我らが赦すごとく、我らの負い目をも赦したまえ」と祈ります。この赦しの祈りこそが彼女の祈りであり、この祈りこそが彼女を赦しへと導いていったのでした。「赦す愛の奇跡」が、神様の恵みによって、彼女の現実となったのです。

聖書はこう言っています。

「互《たがい》に情《なさけ》深くあわれみ深い者となり、
神がキリストにあってあなたがたをゆるして下さったように、
あなたがたも互にゆるし合いなさい」（エペソ人への手紙四章三二節、口語訳）

愛のあるところ、神いまし給う

以前、米国訪問中に、ちょっと本屋に立ち寄ってみました。すると、新書コーナーに陳列してあった一冊の本が目に留まりました。題は『愛のあるところ、神いまし給う（Where There is Love, There is God）』でした。

この題名は、もともとロシアの文豪トルストイの作品『人は何で生きるか』に出てくる言葉として有名です。[5]目に留まったこの本は、マザーテレサについての本でした。その冒頭には、こう書かれていました。

「この世において最も美しいことは、神が私たちを愛されたように、私たちが互いに愛し合うことなのです。そして、この目的のためにこそ、私たちはこの世に存在しているのです。……

もしマザーテレサの全生涯とそのメッセージをたった二つの言葉で総括するとすれば、疑いもなく、神と愛（God and love）という言葉になることでしょう。本当に神こそが、彼女の存在と生そのもの、そして神と人への愛、そして彼女のメッセージの中心であったのです。

さらに、たった一つの言葉に凝縮するとすれば、それは愛となるのです。『愛する者たちよ。わたしたちは互に愛し合おうではないか。愛は、神から出たものなのである。すべて愛する者は、神から生れ《うま》た者であって、神を知っている。愛さない者は、神を知らない。神は愛である』（ヨハネの第一の手紙四章七、八節）。

この本のタイトルとされた『愛のあるところ、神いまし給う』という彼女の言葉は、この深遠な真理を反映しているのです[6]」

マザーテレサは、また次のように言っています。

「神は愛であり、愛は神からくるのですから、愛には限界がありません。ですから、神の愛のうちに本当に身を置きさえすれば、神の愛は尽きることがありません。でも肝心なのは、愛すること、傷つくまで与え尽くすこと。どれだけのことをしたのかではなく、あなたの行ないにどれだけの愛をこめたかなのです。私たちの仕事は、神に対する愛の一つの表現に過ぎません。その愛を誰かに注がずにいられないのです[7]」

私たちは神様から本当の愛をいただく時、その愛を誰かに注がずにはいられないのです。神様からいただく愛があって初めて、私たちは他者をも赦す愛に生きることができるのです。

赦しを貫いた人――キム・デジュン（金大中）大統領

「赦す愛」について、もう一人の人物をご紹介したいと思います。それは、韓国のキム・デジュン元大統領です。皆様よくご存じの人物です。彼は、徹底的に「赦す愛」を貫いたクリスチャン政治家でした。

彼の生涯の歩みについては、昨年（二〇一一年）、岩波書店から日本訳が出版されました。第一巻『死刑囚から大統領へ――民主化への道』第二巻『歴史を信じて――平和統一への道』二巻を合わせて、千頁以上の大著ですが、非常に感動的な書物でした。[8]

彼は一九七一年、大統領選挙に初めて挑戦し、当時の大統領であったパク氏に敗れました。その選挙直後、パク政府の陰謀による交通事故にあい、歩行は一生不自由な身となりました。

パク政権下の一九七三年、白昼の東京で彼の拉致《らち》事件が起こりました。いわゆる「金大中事件」で、当時の日本社会に非常な衝撃を与えた事件でした。

白昼の東京で、ホテルに滞在していたキム・デジュン氏が拉致されたのです。平和な日本で、外国政権の指示により拉致されるという、前代未聞の事件でした。

拉致者たちの計画は、船で連れていく途中、日本海に彼を投げ込むことでした。しかし、まさに海に投げ込まれる直前、緊急出動した米軍の介入により、その計画は中止されました。殺害は断念され、彼は一命を取りとめたのでした。

その後のキム・デジュン氏の歩みは、決して平坦なものではありませんでした。彼は、一九七六年三月「民主救国宣言」を発表し、逮捕されました。一九八〇年二月、公民権を回復し政治活動を再開しましたが、その三か月後、当時のチョン・ドハン軍事政権下で、内乱陰謀罪で逮捕されました。

この逮捕をきっかけに、光州で民主化要求のデモが起こりました。そのデモを、チョン・ドハン政権は強硬に弾圧し、二四〇人もの死者が出る大流血事件となりました。キム・デジュン氏は、この事件の首謀者としてでっち上げられたのです。

死刑囚として

一九八〇年九月一七日、彼は死刑判決を受けました。この時、当局から秘密裏に一つの取引を持ち出されました。「我々に協力してくれれば、大統領以外のいかなる職責をも提供する用意がある。もし協力できないとすれば、立場上、私たちはあなたを生かしておくわけにはいかない」

一瞬、彼はどう答えるべきかわからず、黙ってしまいました。もちろん「死にたくはない」のです。当局は三日後に返事するように要求しました。

そして三日後、彼はこう返答したのです。「協力することはできない。『死ぬ』ことが『生きる』ことだと決心した。私を殺せ」

当局は考え直すように、また二日後、取引を持ち出しました。しかし、彼の決心は変わりませんでした。

彼は判決を前にして裁判の最終陳述で次のように述べました。これは、まさに死刑を覚悟した彼の遺言でした。

「私は恐らく死刑判決を受け、間違いなく処刑されるでしょう。処刑されるということは初めから覚悟しています。私はこの機会に、共同被告の皆さんに遺言を残したいと思います。私の判断では遠からず、一九八〇年代のうちに必ず民主主義が回復されると確信しています。その時に、先に死んでいった私のためであれ、他の誰のためであれ、政治的な報復がこの地で再び起こらないようにして下さい。これこそが私の最後の願いであり、主の御名《みな》にかけての私の遺言です」

その時の心境を、彼は次のように綴《つづ》っています。

「私の人生は、私を迫害した人たちとは違う。死ぬにしても、わが国民と歴史は私を正しく評価してくれるだろう。結局、私は自らの死によって私を殺そうとする人たちに勝つのである。私の肉体を殺すことができても、私が歴史と国民の心に、再生することを、誰も妨げることはできない。国民と共にある者に敗北はない。歴史がそれを証明しているではないか」

一九八一年一月二三日、上告が却下され死刑判決が確定したとき、彼は生涯忘れられない光景を目にしました。それは、彼の妻が、あふれ出る涙を拭《ぬぐ》おうともせずに、ひたすら冬の冷たいコンクリートの上に正座して、子供たちと共に祈っている姿でした。彼女は、その祈りの最後にこう付け加えました。「神様のみ心がなされますように」

彼はこう述べています。

「この時ほど妻に対して尊敬の念を覚えたことは無かった。この二〇年間の試練にうち勝つことができたのは、神に対する信仰と家族の支えによるものである」

死刑囚として拘束された彼は、獄中から、愛する妻に、次のような手紙を出しました。

「私自身は、今まである程度の信仰を持っていると信じていました。しかし今、いざ死と直面する限界状況に置かれてみると、自己の実存というものがいかに脆弱《ぜいじゃく》な信仰の中にあるのかを毎日のように体験しています。……ひたすら我らの主だけを見つめ、揺らぐことのないよう、神が助けて下さるよう祈り求めています。……

いつも主を見つめ、決して主の袖《そで》を放すまいと全力を振り絞っています。主の目から見られて、これが私にとって最善のものでなかったならば、お許しになられなかったでしょう。……ひたすら、主の愛のみを信じて従い、主を賛美いたしますと祈っています」

しかし、彼も人間でした。彼は、迫りくる「死の恐怖」におびえていたのです。彼はこう書いています。

「私は死の恐怖を取り払うことができなかった。いつ、刑場に連れて行かれるかわからなかったからだ。外で足音がするだけで、びくっとした」

彼は言うのです。

「いつも主を見つめ、決して主の袖を放すまいと全力を振り絞っています」

彼は全身全霊をかけて、ただひたすらに、イエス・キリストにしがみついていたのです。死の恐怖の中にある彼のもとに、彼の妻から手紙が届きました。

「私はあなたの善良な性分と、誠実に生きようと血のにじむような努力をしていることを尊敬してきました。『それなのに、神はなぜ?』と問いかけてみています。……あなたも私も知らない多くの兄弟姉妹たちが徹夜の祈り、山での祈り、自宅での祈り、そして断食の祈りまでしていることを知るべきです。どれほど有難いことでしょうか。……明日への希望を必ず持ってください。大海で救ってくださった神は（注：拉致事件の時の日本海上での救い）、今もあなたのそばにおられ、必ず助けて下さると信じています」

死刑判決に対する国際的な批判が高まり、死刑判決から一年後の一九八二年一月　無期懲役に減刑されました。彼は一年間、死刑宣告された状態であったのです。そして、一二月、米国への出国を条件に刑執行停止となりました。

一九八五年、彼は米国から帰国を強行し、軟禁されました。一九八七年、やっと公民権を回復し、政治活動を再開しました。そしてついに大統領選挙に勝利して、一九九八年、第一五代大統領に就任したのでした。この間の彼の投獄軟禁生活は、実に一〇年にも及んだのです。

赦しの愛に生きる

大統領になった彼は、平和政策を打ち出しました。彼は、イソップ物語の「北風と太陽」にちなんで、自分の平和政策を「太陽政策」と名付けました。マントを脱がすためには、北風を吹きつけるのではなく、暖かい太陽の光を注ぐこと、これが彼の政治信念でした。

敵対し挑発する北朝鮮に対しても、彼自ら率先して対話を求め、平和的アプローチを開始しました。二〇〇〇年、北朝鮮の金正日（キム・ジョンイル）総書記との南北首脳会談を実現させたのです。

太陽政策は日本にも向けられ、韓国での日本大衆文化開放政策を開始しました。これにより日韓の民間レベルでの交流が一気に進むきっかけとなったのです。彼は、当時の小渕首相と「日韓パートナーシップ宣言」を発表しました。

二〇〇〇年、彼にノーベル平和賞が授与されました。理由は「韓国と東アジアでの平和的な民主化運動の功績、そして南北朝鮮の対話・関係改善への貢献」ということでした。

一九九八年二月、韓国新大統領に選ばれたキム・デジュン氏は、その就任演説で次のように述べていました。

「私は、『国民のための政治』『国民が主人になる政治』を国民と一緒に必ず成し遂げたいと思います。『国民の政府』はどんな政治報復もしません。どんな差別と特恵も受け入れないでしょう。国民の皆さん、健康な社会のために精神の革命が必要です。人間が尊重され、正義が最高の価値として強調される精神革命なのです。正しく生きる人が成功し、そうでない人は失敗する、そんな社会が必ず実現されなければなりません」

彼は、ここで「どんな政治報復もしません」と述べています。大統領選挙中、彼の反対者たちが盛んに主張していたことは、「彼が当選すれば、自分を迫害した人たちに対する政治報復の嵐が、吹き荒れるであろう」ということでした。

彼に死刑判決を下したチョン・ドハン元大統領、そして彼を長期間監禁したノテウ元大統領、そしてその仲間たちは、非常に恐れていました。キム・デジュン氏が大統領になったら、自分たちの運命がどうなるのか、非常に心配していたのです。

当時、チョン・ドハン氏は、光州事件弾圧の罪で死刑宣告を受けていました。ノテウ氏は、同じく光州事件弾圧の罪で、懲役刑に服していました。彼らこそは、かつてキム・デジュン氏をこの光州事件の首謀者にでっち上げて、彼を死刑にして抹殺《まっさつ》しようとしたのでした。

しかし、大統領に就任したキム・デジュン氏は、世間が驚くような行動に出ました。彼は直ちに、この二人を恩赦《おんしゃ》によって釈放し、自由の身にしたのです。それればかりではなく、彼ら二人を官邸に招いて、共に食事をしながら、自ら率先して和解を申し出たのでした。そして彼らを大統領経験者として優遇し、その生活を保障したのです。

二〇〇九年、晩年のキム・デジュン氏は肺炎に倒れ、危篤状態に陥りました。その時、真っ先に駆けつけたのは、かつての敵、彼を死刑にして抹殺しようとしたチョン・ドハン元大統領だったのです。キム・デジュン氏は、二〇〇九年八月一八日に亡くなりました。そして彼の葬儀には、チョン・ドハン元大統領も出席したのでした。

キム・デジュン氏も、人の子、感情を持つ人間でした。クリスチャンだからといって、自分を殺そうとした人を赦すということは、決して容易なことではありませんでした。彼はこう言っています。

「『罪を憎んで、人を憎まず』。私は一生の時間をかけ、自分の信仰に基づき、チョン・ドハン元大統領を赦そうと努めてきたのである」

決して、生まれながらの人間にはできないことが、キリスト信仰によって可能となったのです。決して愛は感情ではありません。愛は確固たる意志なのです。愛に生きようとするには、確固たる決意と決断が必要なのです。彼は、キリスト信仰に基づき、神様からの力によって、崇高《すうこう》な「赦しの愛」を実現させたのでした。これこそは、キリスト信仰による「赦す愛の奇跡」でした。

一九九八年秋、彼は大統領となって初めて日本を訪れました。当時の朝日新聞は、次のように報じています。

「キム・デジュン氏から感ずるのは、かくも苦難の連続なのに、常に相手へのいわば赦しの思想に貫かれている点である。……キム・デジュン氏の『政治報復はしない』という信念は、恐らくキリスト教信仰によって支えられている。であればこそ、死を迫る政敵にも寛容になれる。キム・デジュン大統領就任式には、あの時の権力者だったチョン・ドハン氏も顔を見せた」

従う者の中に生き給うキリスト

神学者ディートリヒ・ボンヘッファーは、第二次世界大戦中、ナチスに対する抵抗運動に参加したため、逮捕され処刑されました。彼は若干三九歳で、殉教《じゅんきょう》の死を遂げたのでした。彼は、『キリストに従う』という本の中でこう言っています。

「『わたしたちはみな、顔おおいなしに、主の栄光を鏡に映すように見つつ、栄光から栄光へと、主と同じ姿に変えられていく』（コリント人への第二の手紙三章一八節）。これこそ、イエス・キリストが我々の心の中に住み給うことである。イエス・キリストのご生涯は、この地上ではまだ終わっていない。キリストはそのご生涯を、キリストに従う者たちの生活の中でさらに生き給う」[9]

キリストの愛に出会った人は、愛の人に変えられていくのです。キリストのご生涯は、過去二千年のキリスト教会の歴史を通じて、キリストを信じる者たちに受け継がれてきました。キリストから愛をいただいた私たちは、今度は私たち自身が「キリストの愛の使者」として、この世に遣わされていくのです。

最後にもう一度、今日の聖句をお読みして、終わりにしたいと思います。

「『目には目を、歯には歯を』と言われていたことは、あなたがたの聞いているところである。……しかし、わたしはあなたがたに言う。敵を愛し、迫害する者のために祈れ。こうして、天にいますあなたがたの父の子となるためである」

（マタイによる福音書五章三八、四四、四五節、口語訳）

［脚注］

1　初出　セブンスデー・アドベンチスト神戸有野台キリスト教会・礼拝説教　二〇一二年一〇月二七日
原題「赦す愛の奇跡」

2　「ナパーム弾の少女が説く赦し」朝日新聞　二〇一二年七月一三日

3　このベトナムの少女フックの物語については、左記の本を要約・引用したものである。
Denise Chong, The Girl in the Picture, Penguin Books, 1999
デニス・チョン著、押田由紀訳、『ベトナムの少女』文芸春秋、二〇〇一年

4　原文（英文）の表現は左記の通りである。
All I could say was "I'm sorry; I'm so sorry", over and over again.
She was saying "It's all right; it's all right. I forgive; I forgive."

5　トルストイ民話集『人は何で生きるか』岩波文庫、一九三二年、七頁
6　Brian Kolodiejchuk, "Where There is Love, There is God: Mother Teresa", DoubleDay, 2010
7　『マザーテレサのことば』(半田基子訳)、女子パウロ会、一九七六年
8　金大中自伝Ⅰ『死刑囚から大統領へ——民主化への道』(波佐場清・康宗憲訳) 岩波書店、二〇一一年
金大中自伝Ⅱ『歴史を信じて——平和統一への道』(波佐場清・康宗憲訳)、岩波書店、二〇一一年
9　ボンヘッファー選集3『キリストに従う』(森平太訳)、新教出版社、一九六六年、三五四頁

見えないものに目を注いで

――迫害を乗り越えさせた信仰と赦《ゆる》しの愛[1]

見えない世界

「知の怪物」と称される作家・佐藤優《まさる》氏は『はじめての宗教論（右巻）』という本を出しています。副題は「見えない世界の逆襲」です。[2] この本の中で、彼は「宗教とは何か」を問いかけていきます。彼は、「宗教の本質とは、見えない世界と見える世界を結びつけること」であり、[3]「キリスト教神学の課題は、『見える世界』と『見えない世界』の回路をつなぎ直すこと」であるというのです。

現代は見える世界を重視する時代です。佐藤氏は、「我々が『見える世界』を重視するのは、この時代のありかたに、すなわち、〝モダン的なもの〟に制約されているからである。我々近代人は『見える世界』しか現実と思わない流行の中に巻き込まれてしまった」というのです。

ポール・トゥルニエも、「ヨーロッパのデカルト的文明は、見えるものを見えないものに優先させ、計量できるものをできないものに優先させてきた」と言っています。[4]

哲学者パスカルは、あの有名な『パンセ』の中でこう言うのです。

「理性の最後の一歩は、理性を超える事物が無限にあることを認めることである。
それを認めるところまで到りえないならば、理性は弱いものでしかない」[5]

私たちキリスト者は、信仰によって「見えない世界」に目を注ぐのです。なぜなら私たちは、「見えるものによらないで、信仰によって歩んでいる」からなのです（コリント人への第二の手紙五章七節、口語訳）。

「わたしたちは見えるものではなく、見えないものに目を注ぎます。
見えるものは過ぎ去りますが、見えないものは永遠に存続するからです」

（コリントの信徒への手紙二・四章一八節、新共同訳）

古今東西を問わず、多くの人たちが「見えないものに目を注ぐこと」によって、時代を超え、そして国や地域を超えて、生きる力と勇気を与えられてきました。

出エジプトの指導者モーセは、皆様よくご存じの人物です。彼は、イスラエルがエジプトを脱出した時の卓越した指導者です。彼について、聖書はこう述べています。

「信仰によって、モーセは王の怒りを恐れず、エジプトを立ち去りました。目に見えない方を見ているようにして、耐え忍んでいたからです」

（ヘブライ人への手紙一一章二七節、新共同訳）

モーセは「信仰」によって、歴史を導き給う「見えない神」を見ているようにして、あの多難なイスラエルの出エジプトを指導したのです。

「信仰は目に見えないものに手を伸ばし、永遠の実在を把握する」ことなのです（エレン・ホワイト）[6]。私たちは、信仰によってのみ、見えない世界、すなわち実在する永遠の世界を把握することができるのです。

日本三育学院の天文台

私は、父が教師をしていた関係で、幼少時代から、千葉県の楢葉《ならは》（今の袖ケ浦市）にあった日本三育学院のキャンパスで過ごしました。

このキャンパスには、天文台がありました。伯父は天文学者で、この日本三育学院で教えておりました。このような関係で、米国のパシフィック・ユニオン大学のウォッシュバーン教授が、自分で作成した反射鏡を寄付してくださり、またネルソンという方が、天文台の建設資金を提供してくださいました。彼らの名前を取って、ウォッシュバーン・ネルソン天文台と名付けられたこの天文台が完成したのが、昭和三一年でした。まだ戦後一一年しか経っていない戦後の貧しい時代のことだったのです。

口径一二インチの反射望遠鏡は、当時の日本ではまだ珍しいものでした。日本の天体望遠鏡を紹介した天文関係の雑誌には、必ずこの反射望遠鏡が紹介されていました。

一九五六年（昭和三一年）、この天文台の落成を記念して、高松宮ご夫妻が日本三育学院を来訪されました。

翌年の日本天文学会の天文月報アルバムには、ペルーの地球物理学研究所訪問の記事と共に、日本三育学院天文台の開所式の様子が写真付きで報じられていました。この記事にはこう書かれていました。

「千葉県木更津市の北隣の袖ケ浦町にある日本三育学院は、東大天文出身の山形俊夫氏が院長をしておられ、昨年三〇㎝反射望遠鏡を設置された。主鏡の製作は、パシフィック・ユニオン大学教授のウォッシュボーン氏、機械図は西村製作所。写真は、昨年六月の落成式に高松宮様が入口のリボンを切られる所、及び開所式での高松宮様ご夫妻」

私が高校生になると、星が大好きだった私に、伯父は天文台の管理を任せてくれました。いつでも「自由に星を見ることができる」ということは、非常に嬉しいことでした。天文台の管理で一番大変だったのは、すずめとの戦いでした。ちょっと油断していると、すずめが巣を作り、天文台のドームの扉が開かなくなってしまうのです。そのたびに、ドームのてっぺんによじ登っては、すずめの巣を取り除いておりました。高校時代の夢は、伯父のように天文学者になることでした。

神秘的で壮大な宇宙

一二インチの反射望遠鏡を通して見える宇宙は、実に壮大で神秘的でした。私は、その大宇宙の姿にすっかり魅了されておりました。星を見ながら、いつもあの聖書のみ言葉が真に迫ってくるのでした。

「もろもろの天は、神の栄光を現し、大空はその御手《みて》のわざをしめす。この日、言葉をかの日につたえ、この夜、知識をかの世におくる。語らず言わず、その声聞こえざるに、その響きは全地にあまねく、その言葉は地のはてにまで及ぶ」（詩篇一九篇一〜四節、文語訳）

あたり一面、静寂《せいじゃく》の中、ただ一人で星を見ていると、あたかもこの地球上に自分が一人で立っていて、広大な宇宙に相対しているように思われてくるのです。毎日の日常茶飯事にあくせくしている自分という存在が、実につまらないものに感じられるのです。星を見ていると、地球が、そして人間というものが、いかに小さな存在であるかが、実感として迫ってくるのでした。詩編記者はこう述べています。

「わたしは、あなたの指のわざなる天を見、
あなたが設けられた月と星とを見て思います。
人は何者なので、これを、み心にとめられるのですか、
人の子は何者なので、これを顧みられるのですか」（詩篇八篇三、四節、口語訳）

聖書のイザヤ書には、こう書いてあります。

「聖者は言われる、

『それで、あなたがたは、わたしをだれに比べ、わたしは、だれにひとしいというのか』。

目を高くあげて、だれが、これらのものを創造したかを見よ。……

イスラエルよ、何ゆえあなたは、『わが訴えはわが神に顧みられない』と言うか。

あなたは知らなかったか、あなたは聞かなかったか。

主はとこしえの神、地の果《はて》の創造者であって、
弱ることなく、また疲れることなく、その知恵ははかりがたい」

（イザヤ書四〇章二五〜二八節、口語訳）

これは神戸有野台の航空写真です。[7] 神戸有野台キリスト教会がここにあります。この教会に今晩、私たちは集まっています。有野台教会の天井を取り除いてみたら、ここに座っている私たち一人一人は、小さな点として見えることでしょう。

これは、地球の写真です。この中に日本が写っています。もう神戸や有野台などは小さくて見えません。地球に比較すれば、人間なんて、実に小さな小さな存在なのです。

今度は太陽系です。太陽は、本当に大きな存在です。この太陽に比較すれば、地球は実に小さな存在にすぎません。

そして、私たちの太陽系が含まれる銀河宇宙（天の川）には、太陽と同じような恒星が、一千億個も存在すると言われています。一千億とは莫大な数です。一秒に一つずつ数えても、六千年以上もかかるのです。[8] ところが、この宇宙には、銀河宇宙と同じ宇宙が、観測可能な宇宙の範囲内に二兆個もあるというのです。しかし、これも大宇宙の一部分にすぎないのです。[9]

無限に広がる大宇宙という空間と、永遠の時の流れを考える時、あのパスカルが言っているように、なぜ私が「今」「ここに」存在しているのかということに、恐れと驚きを感じざるを得ないのです。彼はこう言います。

「私の一生の短い期間が、その前と後ろとの永遠の中に『一日で過ぎて行く客の思い出』のように呑《の》み込まれ、私の占めている所ばかりか、私の見える限りの所でも小さなこの空間が、私の知らない、そして私を知らない無限に広い空間の中に沈められていることに考えめぐらすと、私があそこではなくここに居ることに、恐れと驚きとを感じる[10]」

有限なる人間が、無限なる宇宙を体験したとき、それはある者を宗教体験へと導いたのです。宇宙飛行士ジム・アーウィンは、月面で衝撃的な神体験をしました。そして、その後、彼は宇宙飛行士から牧師に転身したのです。彼は月面から地球を眺めた時の経験を、次のように表現しています。

「月の上まできて地球を見るとき、この宇宙の無限の大きさが一層実感される。我々は何日もかけて、超高速のロケットに乗って、やっと月まできた。そして、地球を一つの天体として見ることができるくらい地球から離れることができた。

だが、それだけの時間をかけて、それだけ地球から離れてみても、暗黒の宇宙に輝く無数の星のどれか一つに一歩でも近づいたわけではない。宇宙の眺めの中で変わったのは、地球の大きさだけであって、その余の宇宙には何の変化もない。無限の宇宙の中では、人類史上最長の旅（月への旅）で動いた距離も無に等しいのだ。……

自分がここに生きている。はるかかなたに地球がポツンと生きている。他にはどこにも生命がない。自分の生命と地球の生命が細い一本の糸でつながれていて、それはいつ切れてしまうかしれない。どちらも弱い弱い存在だ。かくも無力で弱い存在が宇宙の中で生きているということ。これこそ神の恩寵《おんちょう》だということが何の説明もなしに実感できるのだ。神の恩寵なしには我々の存在そのものがありえないことが疑問の余地なくわかるのだ[11]」

ルワンダの大虐殺《ぎゃくさつ》

ルワンダという国があります。アフリカの真ん中のヴィクトリア湖の近くの小さな国です。国土の面積は、ヴィクトリア湖よりも小さく、アフリカの真ん中で、ルワンダとブルンジが縦《たて》に並ぶように位置しています。このルワンダには、約五五万人のアドベンチストがいます[12]。

ルワンダは永遠の楽園と言われるくらい、平和な国でした。ところが、この小さな国で、「ルワンダ大虐殺」という悲劇的な大事件が起こるのです。一九九四年、ルワンダで発生したフツ族によるツチ族の大量虐殺行為により、三か月間に約一〇〇万人の犠牲者が出ました。国民の九割を占める多数派のフツ族が、一割の少数民族のツチ族を虐殺したのです。ルワンダにいたツチ族の実に九〇%が虐殺されてしまったのです。

〝Left to Tell〟という本が二〇〇六年に出版されています。この題名は訳せば「伝えるために、残されて（あるいは、生き延びて）」、意訳すれば、「生かされて証言するために」とでもいうのでしょうか、副題は、「ルワンダ大虐殺を生き延びた一女性の体験記」となっています。著者は、イマキュレー・イリバギザという人で、すでに世界で三五か国語に訳されています。日本語訳は『生かされて』となっており、二〇〇九年に出版されています。[13]

ルワンダのほぼ中央にあるキガリがルワンダの首都です。著者のイマキュレー・イリバギザの故郷は西部にあるキブエで、彼女はここで生まれ育ちました。ルワンダの西に位置するのどかな町で、キブという大きな湖に接する町です。彼女の家はこのキブ湖の近くにありました。

彼女は、ルワンダでは少数民族のツチ族に属していました。両親は熱心なクリスチャンで、毎週家族そろって教会に行き、家では毎夕必ず、家族みんなでお祈りを捧げていました。

彼女の父親は教師で、人格者でした。村ではみんなの相談役のような存在で、指導者として多くの人に慕われていました。母親も教師でみんなの相談役、村ではみんなから先生と呼ばれていました。面倒見がよく、自宅にはいつも誰かが身を寄せていました。彼女は、裁縫が上手で、いつも必要としている人たちの衣装を縫い上げていました。

彼女の両親は、村の人たちを家族のように扱い、村の人たちは彼らを親のように慕っていました。彼女は四人の子供の三番目で、二人の兄と一人の弟に囲まれて幸せな生活を送っていました。彼女は、高校を最優秀の成績で卒業し、国立大学の奨学生に選ばれて、大学では数学と物理学を専攻しました。

その頃、多数派のフツ族の過激派が、人気あるラジオ局を支配下に置きました。そして、「フツパワー、フツパワー」と叫んで、ツチ族への反感をあおり立てたのです。

ツチのゴキブリどもは、我々を殺そうとしている。

彼らを信じるな。すべてのフツは、ツチをルワンダから一掃するため力を合わせるのだ。

フツパワー、フツパワー。


ちょうどそのような時、一九九四年四月六日、フツ族の大統領の乗った専用機が撃墜《げきつい》されました。この犯人はツチ族ということになり、ツチ族に対するフツ族の憎悪と攻撃は一気に高まったのです。

「ツチ族を皆殺しにするんだ」


彼女の故郷キブエでは、フツ族に追われたツチ族の人たちが次々と彼女の家に集まってきました。彼らは彼女の父親のアドバイスを求めてきたのです。

「どうしたらよいのでしょう。私たちは殺されてしまいます。どこへ逃げたらよいのでしょう」

数時間のうちに、彼女の家の周りは二千人を超す人たちであふれかえりました。

彼女は一生懸命に祈りました。

「神様、何でこんなことになったのでしょうか？　ツチ族であることがどうしていけないのですか？　神様、なぜ、こんなことが起こるのを許されるのですか？」

彼女の父親は、集まってきた二千人のツチ族の前に立って、こう述べました。

「あの殺人者たちがただの憎しみに駆《か》られているのであれば、私たちは彼らを追い払うことができるでしょう。しかし、もし彼らを遣わしたのが政府で、その襲撃がツチ族の根絶をめざしたものであれば、簡単ではありません。彼らは銃と手りゅう弾を持っています。軍隊と義勇軍があります。私たちには何も武器がありません。

もし、政府が私たちを殺そうとするなら、私たちにできることは、祈ることだけです。残された時間、懺悔《ざんげ》をし、私たちの罪の赦しを請いましょう。もし死ななければならないのなら、汚れのない清い心のままで死ぬのです」

歓声は静まり、みんなシーンとなりました。そこに集まった群衆は、彼の言葉に従って祈り始めました。彼らの周りには、殺気立ったフツ族の一群が取り囲んでいました。

それから、父親は彼女に言いました。

「お前は逃げるのだ。ムリンジ牧師の所に行きなさい。きっと迎えに行くからね」

途中まで送ってくれた父親はもう一度、彼女に言いました。

「きっと迎えに行くからね」

これが、彼女が聞いた父親の最後の言葉となりました。彼女は、まだ二三歳でした。

彼女は、三マイルの道を見つからないように、必死になって全速力でムリンジ牧師の家に向かって走りました。フツ族のムリンジ牧師は、温かく「ツチ族」の彼女を迎え入れてくれました。そこにはほかに六人のツチ族の女性たちがいました。すると突然、外で大きな怒鳴《どな》り声が聞こえました。

「あいつら、ツチを殺せ、殺すんだ」

群衆は彼女たちを探しに来たのです。彼女たちは急いで屋根裏に隠れました。しばらく家の中をあちこち探したのち、やがて彼らは去っていきました。

トイレの隠れ家

ムリンジ牧師は言いました。

「外ではとんでもないことが起こっている。殺人者たちは、所かまわず、家に押し入っている。彼らが、いつ、ここに来るかわからない」

牧師は、彼女たち七人を、二つあるトイレのうちの一つにかくまってくれました。この小さなトイレの中に、彼女たち七人は、びっしりと身を寄せ合うように詰め込まれたのです。

牧師は、そのドアの前に大きなタンスを置いてくれました。牧師は家族の誰にも知らさず、彼女たちをかくまいました。家族の誰かが密告すると、この牧師自身の命と、彼女たちの命が危険にさらされるのです。牧師は、自分の命をかけて、彼女たちをかくまってくれたのです。

夜になって、皆が寝静まった頃になると、牧師はそっと食料を持ってきてくれました。彼女たちは、狭いトイレの中でひしめき合いながら、三〇度を越す暑さの中で、ただ朦朧《もうろう》として過ごすだけでした。

毎日のように、外では殺人者たちが暴れまわっていました。何百人もの殺気立った群衆が、彼女がひそんでいる家を取り囲み、大声で叫んでいました。

「殺せ、一人も逃すな、殺せ、みんな殺せ」

トイレの水は、もう一つのトイレの水が流される時にのみ、それに合わせて流しました。トイレを使用するのは大変でした。いつも誰かが誰かの上に座っている状態で、誰かが動かなければならない時は、みんなが動かなくてはなりません。それも音を立てないように、静かに動かなくてはなりません。

やがて、シャワーを浴びることもできない彼女たちの体をシラミがむしばみ始めました。暑さと、湿気と、かゆさと、ひもじさとに、彼女たちは悩まされていました。

カーテンの隙間《すきま》から覗《のぞ》くと、多くの群衆が、銃を持ち、殺気立って叫んでいるのが見えました。外で叫んでいるのは、よく知っている学校の先生たち、地元の主だった指導者たちなのです。そして、ついこの前まで友だちだった近所の人たちなのです。

暴徒たちが、また牧師の家に押し入ってきました。あちこち家の中を探し回っている間、彼女は必死になって祈りました。これまで、こんなに一生懸命に祈ったことはありませんでした。

「神様、今こそ、あなたの助けが必要なのです。お願いです。この寝室に入ってきたとき、殺人者たちの目をつぶしてください。あなたはライオンの穴からダニエルを助けられました。どうぞダニエルのように私たちをお助けください」

彼女はこう書いています。

「それでも、不安と恐怖が私の心を打ちのめしていました。私は、恐怖が、どくどくと血管を流れていくのを感じました。血が沸き立つようでした」

彼女たちは身動き一つせず、じっと息をひそめていました。緊張した長い長い七時間という時間がやっと過ぎ去り、彼らは去っていきました。

その後、牧師はやってきて、こう言いました。

「今日は運が良かった。彼らは家中を隈《くま》なく探し回った。中庭も、牛小屋の『肥料の山』さえも掘り返して行った。天井の上も這《は》い回り、家具の下も見て、スーツケースは壊して、赤ん坊が隠れていないかと探していた。彼らはいつ、また来るかわからない」

外では、恐ろしい虐殺が進行していました。連日のように、彼らは押し寄せてきて、叫びました。

「殺せ、殺せ、皆殺しだ」

牧師は教えてくれました。

「ツチ族を全滅させることが、政府が掲げた目標なんだ。彼らは、もう何千人という人間を殺している。いや何万かもしれない。君たちは、このルワンダで唯一生き残っているツチ族かもしれない」


フツ族の暴徒たちは、ツチ族がこの牧師の家にかくまわれていると主張していました。何回も、彼らは押し入ってきて、調べていきました。


ある日、今度は、一人の男が彼女の名前を挙げて探しながら、やってきたのです。

「イマキュレーはどこにいる。俺は三九九匹のゴキブリを殺したんだ。お前を殺すと、ちょうど四百という切り良い数になるんだ[14]」

そして「イマキュレーを探し出せ、イマキュレーを捕まえろ」との群衆の声が聞こえました。命の危機が迫る中で、彼女は必死でした。必死で彼女は神に祈ったのです。

トイレの中の祈り

彼女はこう書いています。

「それまで経験したことのないほどの怒りが私の中で吹き荒れました。私の怒りは深い燃え上がるような憎しみに変わっていきました。それまで誰にも暴力をふるったことはありませんでしたが、その時には、私は銃が欲しいと思いました。そうしたら、手当たり次第にフツを殺せることでしょうから。私は、自分の中にこんなに激しい感情があるとは思ってもみませんでした」

暴徒たちが再びやってきたのは、彼女が必死に祈っている時でした。怒りに満ちた声がして、すぐそばまでやってきました。壁を一つ隔てて、牧師の寝室に侵入してきました。ベッドを持ち上げ、椅子をひっくり返している音がします。

彼らは、トイレの前に置いてあるタンスを怪しみました。一人が大声でこう言いました。

「このタンスを動かすんだ」と。タンスはドアに激しくぶつけられました。

彼女は必死に祈りました。

「神様、お願いです。どうかタンスを動かさないようにしてください」

彼女の心の中である声が聞こえてきました。

「何で神様なんかに頼むのさ。神様に頼んだって無駄なんだよ。お前だってあの連中と同じなんだ。お前は奴らを憎んでいるんじゃないか。お前は彼らが死んでしまえばよいと思ったじゃないか。実際、自分で殺したいと思ったじゃないか」

彼女は、この暴徒たちのために祈ってみました。しかし空しい祈りです。心の底では彼らを憎んでいたからです。彼女は祈りを止めて、神様に問いかけました。

「なぜ、あなたはそんな不可能なことを私にせよと言われるのですか？　どうしたら、私を殺そうとしている人を赦すことなどできるのでしょう？　彼らはもうすでに私の家族を殺しているのかもしれないのです。彼らを赦すことなんてどうしてもできません。その代わり、彼らの犠牲になった人のために祈らせてください。殺されたり、強姦されたり、手足を切断されたりした人たちのために祈らせてください。正義のために祈らせてください。お願いです。神様、あの邪悪な人たちを罰してください。私にはあの人たちを赦すことなんてできません。どうしてもできないのです」

その時、ついに彼らが去っていく音が聞こえました。彼女は、また祈り始めました。神様が救ってくださったことを感謝し、そして自分の家族のために祈りました。しかし、自分の祈りが空しく響きました。憎しみでいっぱいになった心で祈りを捧げるなんてできませんでした。一生懸命に祈れば祈るほど、空々しく響きました。心のうちで激しい戦いが繰り広げられました。

彼女は、神様に率直に打ち明けました。

「どうぞ神様、私の心を開いてください。どうしたら彼らを赦すことができるかお導きください。私の憎しみは燃え上がって、私を押しつぶしてしまいそうです」

その時、声が聞こえました。

「あなたたちは皆、私の子供なのです」

神様の目には、殺人者たちでさえ、神の子供、神の愛と赦しを受ける対象なのです。

その時、彼女は、初めて殺人者たちのために祈ることができたのです。彼らの罪をお赦しくださいと。

もう一度、声が聞こえました。

「彼らを赦しなさい。彼らは自分のしていることがわからないのです」

その時、彼女の心から怒りと憎しみが消えていくのを感じました。神様は無限の愛で彼女を包んでくださったのです。

自由への逃走

トイレに閉じこもってから三か月が経ったある日、牧師は言いました。

「フランスが軍をルワンダに派遣することを決定した」

彼女たちにとって、初めての希望のある知らせでした。

そして、何日か経ってから、牧師はホッとしたように、こう言いました。

「フランス軍が見つかった。彼らに君たちのことを話した。ここからそんなに離れていない。明日、午前二時から三時の間に連れてくるようにということだ」

夜中になると、ムリンジ牧師は彼女たちを、トイレから彼の寝室に連れ出しました。そして、自分の子供たちを起こして、彼女たちのことを話すというのです。起こされた子供たちは、彼女たちを見た時、何が起こっているのか、すぐには理解できませんでした。

二三歳の彼女の体重はたった三〇キロになっていました。彼女たちは、骨と皮と筋だけの状態で、死人のように痩《や》せこけて、目はくぼみ、頬《ほお》もこけていた状態でした。子供たちは、ぎょっとして後ずさりしました。

「ツチ族の幽霊だ」

「ツチ族が、私たちを殺しに来たんだ」

おびえている子供たちに、牧師は事情を説明しました。そしてこう言いました。

「もし、お前たちが、この女性たちのように困難に出会い、不幸に見舞われている人たちを見たら、助けてほしい。たとえ、自分の命が危険にさらされるようなことがあってもだ。それこそが、神様が、私たちに望んでおられることなのだ」

暗い中、彼女たちは、フランス軍のキャンプを目指して、ひたすら懸命に走り続けました。道路はどこも死体でいっぱいでした。死体をよけながら、一生懸命に走りました。そして、ついにキャンプに到着したのです。彼女はこう書いています。

「キャンプに着いたとき、私の心臓は飛び出しそうでした。何か月もの間、閉じ込められていた恐怖や不安などの感情の大波が一挙に堰《せき》を切って溢《あふ》れ出しました。みんなすすり泣き始め、涙が止まらなくなりました。私は生きているのです。なんと素晴らしいことでしょう」

「家族が殺されていた」厳しい現実

やがて、彼女はこのキャンプで、自分の家族は殺害されていたことを知らされるのです。両親と兄弟たちが殺害された状況を詳しく聞かされました。ただ一番上のお兄さんの消息はわかりませんでした。

愛する家族が虐殺された生々しい状況は、彼女にとって耐えられない、あまりにもショッキングなものでした。彼女はこう書いています。

「それ以上耐えられなくなって、私は立ち上がりました。そしてよろけて倒れてしまい、顔を地面に押し付けました。その冷たく固い地面に私の家族と一緒に眠りたいと思いました。私は、何も聞きたくなく、何も見たくなく、何も感じたくありませんでした。[15]

涙は次から次へと溢れ出てきて、土に吸いこまれていきました。私は体を横たえ、空を仰ぎ、これ以上涙が一滴も出ないというまで泣き続けました。……

私は、夢の中でイエス様が私に約束してくれたことを思い出し、話しかけ始めました。『皆、死んでしまったのです。私がこの世界で一番愛した者は皆、奪われてしまいました。私の命をあなたに預けます。イエス様、どうぞお約束下さったように、私をお守りください。私は約束を守り、信仰篤《あつ》いあなたの娘になります』

私は目を閉じました。家族の顔が一人一人目に浮かんできました。……」

赦せない者を赦す (Forgive the Unforgivable)

やがて、しばらくの時が経ち、彼女は、自分の家族を殺したグループのリーダーと相対することになりました。

彼女の所に、一人の男が引き立てられてきました。その姿を見たとたん、飛び上がるほどびっくりしました。すぐに、その人が誰かがわかったのです。それはフェリシアンでした。フツ族の成功した実業家で、背が高くハンサムで、いつも高価なスーツに身を包み、礼儀正しい紳士でした。彼の子供たちは、小さいとき一緒に仲良く遊んだ友だちでした。

彼女は身震いしました。あの隠れ家で、殺人者たちが彼女の名前を呼んで探し回っていた時のあの声が、彼の声だったと気づいたのです。

引き立てられてきた彼は、よろめいて膝《ひざ》をつきました。顔をあげて、そこにいるのが彼女であると気づいた時、彼の顔から血の気が失せました。彼はあわてて目をそらすと、床をじっと見つめていました。

彼を引き立ててきたセマナは、思いっきり彼を蹴飛《けと》ばすと、こう叫びました。

「立て。立って何で彼女の家族が死んだかを説明するんだ。何でお前が彼女のお母さんを殺し、彼女のお兄さんたちをなぶり殺したかを言うんだ」

彼はうずくまったままでした。汚れた服はボロボロで、ハンサムだった顔は無精ひげに隠れ、肌は血の気がなく、腫《は》れあがっていました。あまりの変わりように、彼女は泣いてしまいました。

「こいつは君の両親を奪い、君の家族の農園も奪ったんだ。君の父さんの農場の機械は彼の家にあった。彼は、君を殺そうと君を探し続けたのだ。君を殺せば、君のうちの物はすべて自分の物になるからさ」

フェリシアンは泣き出しました。彼がどんな気持ちかが伝わってきました。一瞬、彼は彼女を見上げました。二人の目が合いました。彼女は一歩進み出て、彼の手に触れました。

そして静かに言ったのです。

「私はあなたを赦します」

その途端、一瞬にして彼女は自分の心が和らいだのを感じました。彼女には、フェリシアンの肩から力が抜けていくのがわかりました。


ところが、彼を引き立ててきたセマナは激怒しました。

「何ていうことをしたんだ。あいつは君の家族を殺したんだ。尋問するためにここに引っ張ってきたんだ。それを赦すだなんて。どうして、そんなことができるんだ。何で赦したりするんだ」

彼女はこう答えたのです。

「私が与えることができるのは、赦しだけなんです[16]」


やがて、彼女は故郷へと旅をします。そこで彼女は、自分の兄弟たちを殺した青年と出会ったのです。この青年に対しても、彼女は赦しを語り、愛を語ったのでした。

聖書はこのように言っています。

「だれに対しても悪をもって悪に報いず、すべての人に対して善を図りなさい。……『もしあなたの敵が飢えるなら、彼に食わせ、かわくなら、彼に飲ませなさい……』。悪に負けてはいけない。かえって、善をもって悪に勝ちなさい」

（ローマ人への手紙一二章一七～二一節、口語訳）

「愛・信仰・赦し」について語るイマキュレー

その後、彼女は、米国から派遣された国連職員のブライアンとの出会いがあり、結婚しました。その翌年の一九九八年には米国に移住し、現在では二人の子供に恵まれて、平和な家庭を築いています。彼女は国連職員として、祖国ルワンダを何回も訪れ、孤児院でボランティアの働きをしています。虐殺で親を失った子供たちのために働くことを、彼女は自分の使命としています。

このポスターには、イマキュレー・イリバギザの「驚くべき赦しの物語」と書かれています。[17] 彼女は、世界各地で講演をして、自分の体験を証ししています。イマキュレーが語るのは、「愛・信仰・赦し」についてです。そして彼女を通して「愛と赦しの輪」が世界中に広がっていったのです。

「神様が、私の魂を救い、命を助けて下さったのには、きっと意味があることでしょう。私が私の体験を他の人に話すようにと。そして、愛と赦しがもたらす癒しの力のことを、できる限り多くの人に話すようにと」

「愛・信仰・赦し」について語るイマキュレーはこう言うのです。

「赦せないものを赦すことができるのです」[18]

しかし、それは、彼女自身の力ではできませんでした。彼女の力では、到底不可能なことであったのです。神様が、彼女にその力を与えてくださったのです。

世界のあちこちで、イマキュレー・イリバギザは、「赦しの種」を蒔き続けています。彼女は、みんなに「赦しの体験」を証ししています。神様の恵みによって実現した「自分の赦しの体験」を語っているのです。あるポスターには「ルワンダ虐殺後の愛と希望のメッセージ」と表現されています。

ある女性は、彼女にこう言いました。この女性は、自分の叔父さんと大喧嘩《げんか》をしていたのです。

「私たちは大喧嘩をしていたのです。あんまり腹が立ったので、もう決して二度と口をきかないと誓ったのです。しかし、あなたがどのように自分の家族を殺した人たちを赦したかを聞いて、彼に電話したのです。謝ってほしいとは言いませんでした。ただ、私の心を開いて赦しただけなのです。そうしたら、私たちはすぐに昔のように話せるようになったのです。こんなに何年も無駄にしてしまったことが、信じられない気持ちです」

見えないものに目を注いで

イマキュレーは、あの苦しい中、絶望に陥りそうになる中、ただひたすら神に祈り続けました。見える世界の厳しい現実の中で、信仰によって見えない神に祈ったのです。そして、その祈りは聞かれたのです。イマキュレーは、あの暑く狭苦しいトイレの中で、ひたすら全宇宙を創造し支配される神に信仰の目を注いでいました。これまで、こんなに一生懸命に祈ったことがないほど、必死になって祈ったのです。

私たちは信仰によって、全宇宙を創造し、支配しておられる神様を知っています。私たちは全宇宙を創造し支配される「神のうちに生き、動き、存在している」(使徒行伝一七章二八節、口語訳）にすぎないのです。苦難や死などの人生の厳しい現実に直面する時、私たちは、この事実をはっきりと思い知らされます。それは、私たちは決して自分自身の人生のあるじではないこと、そして私たちは自分自身で生きているのではなく、神によって生かされているのだということを思い知らされるのです。

神が私たちを取り扱われる方法は、私たちの限られた頭脳では理解できないことが多いのです。むしろ、私たちの意志に逆らって行われることの方が多いのかもしれません。ある時は、むしろキリスト者なるがゆえに多くの苦しみを受けねばならないことすらあるのです。

ゆえに、私たちキリスト者の態度は、決して見ることであってはならない、見ることではなくて信じることでなければならないのです。なぜなら、「わたしたちは、見えるものによらないで、信仰によって歩いている」からです（コリント人への第二の手紙五章七節、口語訳）。

黒人解放運動の指導者であったマーティン・ルーサー・キング牧師は、幾多の困難や苦難と闘い、最後には一九六八年、メンフィスで銃弾に倒れ、三九歳の短い生涯を閉じました。彼は、絶えず命の危険にさらされながらも、キリスト信仰に支えられて、黒人への差別撤廃という自らに与えられた歴史的課題に、真っ向から立ち向かっていきました。彼は「我らの神の能力」という説教の中で、こう言っています。

「我々の日々が低くたれこめた雲で、やるせないものとなり、我々の夜々が、真夜中の千倍も暗くなってしまう時、我々は、この宇宙には一人の偉大な恵み深い方がいまし、その名を神ということ、そしてその方が道なきところに道を開き、暗黒の昨日を輝かしい明日に変える能力を持っておられるということを思い起こそうではないか[19]」

私たちキリスト者は、このような小さな地球の中だけで、そしてこの世の「短い人生」だけで勝負することはしないのです。広大な宇宙の中で、永遠という時間の流れと無限に広がる宇宙的視点に立って、この世の命を生きているのです。

もう一度、今日の聖句を読んで終わりにしたいと思います。

「わたしたちは見えるものではなく、見えないものに目を注ぎます。

「見えるものは過ぎ去りますが、見えないものは永遠に存続するからです」
（コリントの信徒への手紙二・四章一八節、新共同訳）

［脚注］

1　初出　セブンスデー・アドベンチスト神戸有野台キリスト教会・医師講演会「いのちをみつめて」
　二〇一三年五月一九日
　原題「見えるもの・見えないもの」
2　佐藤優『はじめての宗教論・右巻――見えない世界の逆襲』NHK出版、二〇〇九年
3　前掲書、二七頁
4　ポール・トゥルニエ『生の冒険』（久米あつみ訳）ヨルダン社、一九七一年、二九〇頁
5　パスカル『パンセ　断章二六七』（前田陽一・由木康訳）、中央公論社、一九六六年、二〇四頁
6　エレン・ホワイト『希望への光』福音社、五九〇頁
7　パワーポイントを使用しながらの講演のため、このような表現となった。
8　以前の理科年表では、銀河系の可視総質量は太陽の約二千億倍となっており、銀河系の恒星の数は約二千億個としていたが、以降では，銀河系の可視総質量は太陽の約一千億倍と改められた。
9　米航空宇宙局（NASA）は、二〇一六年一〇月一三日、観測可能な宇宙の範囲内にある銀河の数は二兆個と、これま

で推定されてきた数の十倍に上ると発表した。

10　パスカル『パンセ　断章二〇五』（前田陽一・由木康訳）、中央公論社、一九六六年、一五六頁

11　立花隆『宇宙からの帰還』中央公論社、一九八三年、一二〇頁

12　ルワンダのアドベンチスト数は急速に伸びて約九〇万人になっている（二〇一八年）。

13　本講演のルワンダ虐殺に関する部分は、左記の英文原本と日本語訳を参考に要約したものである。
Immaculee Ilibagiza, Left to tell: One woman's story of surviving the Rwandan holocaust, Hay House, 2006
イマキュレー・イリバギザ著　堤江実訳『生かされて』ＰＨＰ文庫、二〇〇九年

14　原文（英文）の表現は左記の通りである。（注：13～16）
At one point, a Hutu who was searching specifically for Immaculée and was right outside the bathroom door said, "I have killed 399 cockroaches. Immaculée will make 400. It's a good number to kill."

15　I wanted to hear nothing, see nothing, feel nothing.
I had so many tears to cry, and sobbed into the dirt.

16　Forgiveness is all I have to offer.

17　講演では、パワーポイントのスライドを用いて、このポスターを紹介した。

18　It is possible to forgive the unforgivable.

19　M・L・キング『汝の敵を愛せよ』、新教出版社、一九六五年、二〇一頁

第二章　キリスト信仰に生きる

生きる意味を求めて
――苦しみの中で神に出会った人たち 1

ボストン訪問

二〇一〇年の米国ホスピス緩和医療学会は、ボストンで開かれました。私は一週間の休みをいただいて出席させていただきました。

学会に出席すると、多くの最先端の知識を得ることができます。最先端の研究・治療をされている先生方の講演には、学ぶものが多くあります。学会出張の主たる目的は学会出席なのですが、それ以外にもう二つの楽しみがあります。

一つは、学会が開かれる都市のアドベンチスト教会を訪ねることです。現在、世界には、約二千万人のアドベンチストの同胞がいます。全世界どこでも、学会が開かれるほどの大都市には必ずアドベンチスト教会があります。二つ目の楽しみは、少なくとも一か所、その地域の興味ある所を訪問、または見学することです。

今回は、ボストン訪問のついでに、ぜひボストン美術館に行きたいと思っておりました。学会場となったのは、ボストンのシェラトン・ホテルでしたので、宿泊もそこにしました。ホテルからはチャールズ川をはさんで、対岸にマサチューセッツ工科大学（ＭＩＴ）が見えました。

ホテルのすぐ西側には、フェンウェイ・パークがありました。三月初めのため、まだ木々の青葉は出ていませんでした。フェンウェイ・パークに沿って、ホテルの南には、ボストン交響楽団のホールがありました。小沢征爾《せいじ》さんが長らく活躍したホールです。フェンウェイ・パークといえば、レッドソックスのフェンウェイ球場があります。ホテルから公園をはさんで反対側に球場がありました。松坂投手やバレンタイン監督のいた球場です。

球場から南に歩いていくと、ボストン・アドベンチスト教会がありました。学会中の土曜日は、このアドベンチスト教会に出席しました。レッドソックス球場がすぐ真ん前に見える所にありました。訪ねていくと、駐車場係をしていた黒人男性から、早速「松坂を知っているか」と聞かれました。

礼拝後の昼食会は、パトラック（持ち寄り弁当による会食）でした。私のテーブルに学生たちが集まってきてくれました。そのうちの一人は、ガーナ出身の学生でした。彼はアドベンチストのオークウッド大学を出て、今はハーバード大学の医学部二年生ということでした。もう一人は韓国系の女性でボストン大学四年生、あとの一人の白人男性はマサチューセッツ工科大学の二年生で、二人ともハーバード大学医学部を目指しているとのことでした。

有名大学の学生たちで、さすが学問の府・ボストンの教会と思いました。世界のどこに行っても、アドベンチストの信仰の同胞に会えるということは、心強くまた嬉しいことです。

ボストン美術館

ボストンのアドベンチスト教会から、フェンウェイ・パークをはさんで東側にボストン美術館がありました。

学会が終わって、早速ボストン美術館を訪ねてみました。ボストン美術館は、アメリカ独立百周年にあたる一八七六年に開館しました。世界の三大美術館と言われているだけに、所蔵品は五〇万点を数えるとのことです。この美術館では、エジプト美術、フランス印象派絵画などが特に充実しています。マネやモネなどの印象派の絵画のコレクションでも有名です。

ボストン美術館ではぜひ、ポール・ゴーギャンの「あの名画」を見たいと思いました。一階の南側に、ポスト印象派のコーナーがあり、そこに、目指す絵画がありました。彼が一八九七年から一八九八年にかけて描いた絵画です。この絵の左上の隅に、フランス語で三つの文章が書いてあり、英語で次のように訳されていました。

Where Do We Come From?　What Are We?　Where Are We Going?
(我々はどこから来たのか。　我々は何者か。　我々はどこへ行くのか。)

自殺を決意したゴーギャンは、全精力を傾けてこの絵を描き上げました。結局、自殺は未遂《みすい》に終わりましたが、ゴーギャンは、この作品にさまざまな意味を持たせました。画面右側の子供と共に描かれている三人の人物は、人生の始まりを示しています。中央の成年期を迎えている人物は、「知恵の木の実」を取りながら、自分は何者かを問いかけています。左側の人物たちは、「死を迎えることを甘んじている老女」を現しています。

我々はどこから来たのか？ 我々は何者なのか？ 我々はどこに行くのか？

この三つの問いは、古今東西を問わず、常に人類が発してきた問いであったのです。

ソフィーの世界

ヨースタイン・ゴルデル氏による著書に『ソフィーの世界』という本があります。[2] この本は、世界の三七か国で翻訳出版され、世界のベストセラーになりました。日本語訳は、一九九五年に出版されました。

時は、ちょうど阪神淡路大震災の年で、戦後五〇年の節目の年でもありました。日本でもまた、ベストセラーになりました。この本の副題には「哲学者からの不思議な手紙」「一通の手紙が少女の世界を変えた」とあります。

この本は、まず、少女ソフィーへの手紙で始まります。ある日、ソフィーのもとに一通の手紙が届きます。小さな紙切れが一枚。それにはこう書いてありました。

「あなたは、だあれ?」

ソフィーは、バスルームの鏡の前に立って、じっと見つめました。

「私は、ソフィー」

鏡に向かって、ソフィーは尋ねました。

「あなたは、だあれ?」

「あなたは、わたし」「わたしは、あなた」

「わたしは、だあれ?」

ついこの間、お祖母さんが亡くなった。そしてこの私。「この私も、いつかはいなくなる」。自分はいつかすっかり消えてなくなってしまう。


ソフィーのもとに二通目の手紙が届きます。また、小さな紙切れが一枚あり、こう書いてありました。

「世界はどこから来た?」

やがて、大きな封筒が届きました。そこには「哲学講座　親展」と書いてありました。

封筒には、三枚の手紙が入っていました。彼女は読み始めました。

「親愛なるソフィー、哲学者たちは、人はパンのみで生きるのではない、と考えるのです。もちろん、人はみな、食べなければならない。愛と気配りも必要です。けれども、すべての人にとって切実なものはまだある。わたしたちは誰なのか、なぜ生きているのか、それを知りたいという切実な欲求を、私たちはもっているのです。……

こうしたことを人間はいつだって問いかけてきました。人間とは何か、世界はどのようにしてできたかと問わなかった文化はありません」

大震災の悲劇の中で

二〇一一年の三月一一日、午後二時四六分、私たちは東日本大震災において、人生の厳しい現実を目の当たりにしました。

死者と行方不明者を合わせて一万八千人強という途方もない数の犠牲者が出た悲劇の中で、私たちは生と死の厳しい現実に直面したのです。

大震災の直後、宮城県名取市の市役所の玄関のガラス戸に、一枚の紙が貼り出されました。これはマスコミで報道されましたので、ご覧になった方も多いかと思います、その紙にはこう書かれていました。

「最愛の妻と、生まれたばかりの一人息子を、大津波で失いました。いつまでも、二人にとって、誇れる夫、父親であり続けられるよう、精一杯　生きます。

被災されたみなさん、苦しいけど、負けないで」名取市職員S

書いたのは名取市職員、西城卓哉さんでした。津波で最愛の妻、由里子さんが行方不明になり、八か月の長男、直人君を失いました。自分と同じく、かけがえのない家族を失った人たちは多い。それでも精一杯生きてほしい。そんな思いを込めて書いたというのです。

三月一一日、激しい揺れを感じた西城さんはすぐに、職場から由里子さんの携帯電話を鳴らしました。一瞬つながったのですが、声を聴けず、途切れてしまいました。すぐに市役所は地震で大混乱。職員としてさまざまな対応に追われ、気がつくと一二日未明になっていました。

ようやく自宅マンションへ戻りました。エレベーターは止まり、泥に足をとられながら、やっと部屋に入ると、二人の姿はありませんでした。わずかな望みを信じながら、あちこちと、懸命に捜索を続けたのです。直人君とみられる遺体が安置所にあると聞き、一五日夜、身元を確認しました。直人君の遺体は、肌着も服もよだれかけも、妻の由里子さんが好んで着せる組み合わせでした。

安置所で死亡届を出すと、居合わせた同僚職員が、どっと泣き崩れました。

それでも、西城さんはメッセージを書いて、市役所玄関ガラスに貼り付けたのです。

「最愛の妻と、生まれたばかりの一人息子を、大津波で失いました。

いつまでも、二人にとって、誇れる夫、父親であり続けられるよう、

精一杯　生きます。

被災されたみなさん、苦しいけど、負けないで」　名取市職員S

態度価値とは？

私たちは、大地震・大津波・原発事故・愛する者の死・自分の病気など、どうしようも

ない悲劇的現実に直面させられることがあります。その中で、人間の価値を決めるのは、いったい何なのでしょうか？

私たちは、人を評価するときに、どれだけ創造的な仕事をしたか、どんな素晴らしい業績を残したかを問いがちです。

しかし、あのアウシュビッツの地獄を生き抜いたヴィクトール・フランクルは、人間の価値を決めるのは、決してそのようなことではないと言うのです。彼は「最終的に、人間の価値を決めるのは、与えられた状況に対して『どんな態度をとることができるか』ということ」であり、それを彼は「態度価値」というのです。[3]

大地震の災害の中で、投げやりに生きることもできます。人生を呪《のろ》いながら、生きることもできるのです。しかし、ここで西城さんは崇高《すうこう》な「態度価値」を示しています。最愛の妻と一人息子のまなざしを、心の中で真正面から受け止めながら、「いつまでも二人にとって、誇れる夫・父親であり続けられるように精一杯生きます」と決意しているのです。

フランクルはさらにこう言うのです。

「苦難と死は人生を無意味なものにはしません。そもそも、苦難と死こそが人生を意味あるものにするのです。人生に重い意味を与えているのは、この世での人生が一回きりだということ、私たちの生涯が取り返しのつかないものであること、人生を満ち足りたものにする行為も、人生をまっとうしない行為も、すべてやり直しがきかないということにほかならないのです。

けれども、人生に重みを与えているのは、ひとりひとりの人生が一回きりだということだけではありません。一日一日、一時間一時間、一瞬一瞬が一回きりだということも、人生におそろしくもすばらしい責任の重みを負わせているのです[4]」

生まれたのは何のために

『生まれたのは何のために』という本があります。副題は「ハンセン病者の手記」となっています。[5]

著者の松木信さんは、一九三四年、一六歳の時に発病し、慈恵医大で「らい」の宣告を受けたのです。ところがその病名は、付き添っていった兄にのみ告げられました。その時、兄は、「お前はもう一生働かなくてよいのだ」とだけ告げて、行方をくらましてしまったのです。その言葉の意味は、「お前はもうこの社会の一員ではない。人間ではないのだ」という宣告に等しいものでした。彼が、自分の本当の病名を知ったのは、その半年後でした。

故郷の町はずれの荒川に、大正橋という吊橋《つりばし》がかかっていました。一九三五年、一七歳の彼は、この吊橋から身を投げて死のうとしたのです。ところが、ちょうどその時、急に「おれは何のために生まれたのだ」という疑問が湧き起こってきました。

死ぬのはいつでも死ねる、疑問を解いてからでも遅くはない。彼は、自殺を思いとどまり、ハンセン病の収容施設である多磨全生《ぜんしょう》園に収容されたのでした。

国立療養所多磨全生園への入所

彼は、一九三五年七月五日、全生園に入所しました。

国立療養所多磨全生園は、公立の療養所としては日本初のハンセン病の療養所でした。この療養所は、明治四二年に開かれました。それまで日本でハンセン病の療養所を創り、治療を行っていたのは、キリスト教の宣教師や、熱心なクリスチャンの日本人医師・看護師たちでした。

多磨全生園は、それらのキリスト教系施設に代わるものとして、公立の療養所として建てられました。公立の全生園はまさに刑務所のようでした。ひとたび入園すると、そこは出口のない収容所。サーベルを下げた職員が二四時間監視についていました。この収容施設に入った日の光景を決して忘れることができないと、彼は書き残しています。

「私を乗せた自動車は、全生園の門をくぐると、病棟の風呂場に横付《よこづ》けになった。……いきなり裸にさせられた。そして入浴している間に、所持金を取り上げられてしまった。逃亡を防ぐために直接、金は持たせなかったのである。……

私は、自分の病気が、顔が崩れたり、手足の指が溶けたりする病気であることは、分かっていたが、それは、どのような姿になるのか想像もつかなかった。病室に一歩足を踏み入れた時……一斉に私の姿に視線を注いでいる患者を見た。……人間ではない。恐ろしい醜悪《しゅうあく》な生き物、化け物だと思った。私の生は、この時、糸が切れたように、人間から切り離されてしまったのである」

厳しい監視と検閲の中、すべての自由が奪われた中で、彼は、自分は何者なのか、自分は何のために生まれてきたのかと、常に心の中で問いかけていました。

彼はこのように書いています。

「このような状況の下で形成されていったのは、罪意識であります。ライであることが、人間に対して罪を犯しているのだという、罪意識であります」

松木さんは、図書室に行って、いろいろな本を読みあさりました。「何のために生まれてきたのか」というのが、彼の根源的な問いでした。

それを解決するために、内外の文学書を次から次へと読破しました。その中で、特に引きつけられたのが、ロシアの文豪ドストエフスキーの小説でした。『罪と罰』『悪霊』『カラマーゾフの兄弟』などを読みながら、彼は作中の人物の中に、自分自身の分身を発見したのでした。

人間とは何か、何のために生まれてきたのか、神とは、そして罪とは、国家・社会とは？

ドストエフスキーの小説は、聖書とは切り離して考えることができないものでした。

松木さんは、徹底的に神に反抗していました。それでありながら、神に無関心でいることができませんでした。神に反抗し、神を敵とすることによって神にかかわっていたのです。

キリスト教の受洗

そのような彼も、ついに一九四一年、キリスト教の洗礼を受けました。当時の心境をこう書いています。

「生きようとすれば、神は無く、死を求めると、神の怒りが臨みます。生きることも、死ぬこともできず、まるで半殺しにされた状況で、洗礼を受けました」

やがて、同じ施設に収容されているハンセン病のクリスチャン女性と出会い、結婚しました。しかし、まもなく彼女は、結核性腹膜炎を合併し、亡くなってしまうのです。

妻の死後の失意の中で四か月目、今度は、失明という絶望的状況に追い込まれてしまったのです。一夜にして失明した彼は、来る日も来る日も頭から布団をかぶったまま、起きようとしませんでした。起きる気力も、考える力も、食欲もなかったのです。
そのようなある日、一人の友人が来て、新約聖書のロマ書三章二一～二六節を読んでくれました。

「凡《すべ》ての人、罪を犯したれば、神の栄光を受くるに足らず、
功《いさお》なくして、神の恩恵《めぐみ》により、
キリスト・イエスにある贖罪《あがなひ》によりて義とせらるなり」
（ロマ書三章二三、二四節、文語訳）

その時、聖書の言葉が突然、生ける神のみ言葉として迫ってきました。
彼は、「十字架を負って聖書から抜け出し、私の前に立たれたキリストを見た」と述べています。まさに、額縁《がくぶち》の中のイエスが抜け出して、自分の前に立ったような鮮明な驚きであったのです。彼は、ここで初めて、生ける救い主キリストに出会ったのでした。

聖書が読めない苦しみ

しかし、その後の彼の信仰の歩みは、決して平坦なものではありませんでした。彼の一番の望みは聖書を読むことでした。なにしろ聖書が読みたかったのです。彼は、ただただ、神様のみ言葉に飢えていたのです。

ところが、一生懸命に点字の聖書を読もうとするのですが、読めないのです。失明の上、末梢《まっしょう》神経がマヒしているため、点字の聖書を読むにも指が使えませんでした。彼は、必死でした。聖書を読むために、口唇を使い、そしてだめなら舌をと、文字通り血みどろの訓練をしました。しかし、知覚がないと判明して、断念せざるを得なかったのです。

知覚の残っているところは、どこか？　彼は、体中を探しました。額《ひたい》、顎《あご》、足の指。しかし、知覚は残っていませんでした。そして、最後に発見したのが、足の裏でした。しかし、聖書を読めるほどの知覚は残っていなかったのです。

当時を振り返って、彼はこう述べています。

「聖書を読めないことが苦しかった。
神を知った苦しみは、聖書が読めないことであった」

一九五〇年の暮れから一九六一年までの一〇年余り、身体的な盲目と心の暗闇《くらやみ》の中で、彼はただ、壁に向かって座しているだけの生活でした。やがて、病友の教会員のボランティアに、一日一時間、聖書を読んでもらうことになったのです。自分で聖書を読めない彼は、新約聖書全巻を暗唱することを決意したのです。彼は、この聖書の暗唱の体験をこう書いています。

「聖書の暗唱は、驚きの連続であった。一語一語が生ける神のみ言葉となって私に語りかけた。生ける父なる神と主イエス・キリストを知った喜びは、想像を絶し、命の満ち満ちた世界であった」

十字架を通してみる世界

以後、信仰一筋のクリスチャンとして、「生きる」意味を問い続けました。彼は、多磨全生園の患者自治会長を長く務め、収容患者の待遇改善のため尽力しました。さらに、患者たちを差別し苦しめた「らい予防法」廃止に向けて、積極的な活動を行ったのでした。そして、やっと「らい予防法」は廃止となりました。それは、つい最近の一九九六年のことでした。

彼は青少年たちの寮父となって、施設の子供・青年たちの面倒を見ました。たくさんの教え子たちが彼の教えを受けて、全生園から旅立っていきました。教え子たちは、松木さんを幕末の志士を育てた吉田松陰に例えて、全生園の吉田松陰と呼んだのです。

彼は、自分の人生を振り返って、「屈辱の人生」と告白しています。


「私は一七歳の時、らいのため全生園に隔離され、五〇年余り、一万坪の中で生きてきた。そして今は年を取り、失明と全身の麻痺《まひ》によって、体はすり切れた雑巾《ぞうきん》のようにボロボロになった。……

世から忌《い》み嫌われ、恐れられ、私の人生は一言でいえば、屈辱の人生であった。

それでも私は、神の真実を求めて生きてきた」


彼は、自分の不幸な人生を、「十字架の光」を通して見ることができたのです。

松木さんは、この「屈辱の人生」を、「イエスとの出会いのために準備された人生」と言うのです。

「十字架を通して見る時、それがどんなに悲惨で絶望的な生であっても、すべてが、イエスとの出会いという一点のために、準備されたものであることを知るのである」

ユダヤ人哲学者・マルティン・ブーバーは、「すべて真の人生とは出会いである」と言うのです。[6] 彼は、更にこう言います。

「最高の出会いを経験した人は、その経験をする前の人間とは全く違った人間になるのである」[7]

真に生きている時間とは、出会いのある時間です。最高の出会いという決定的な出来事において、今までにない全く新しい事柄が私たちに起こるのです。真実かつ本物との出会いは、私たちの人生を根底から変えてしまうのです。

私たちが体験しうる最高の出会いを、聖書は「神との出会い」と述べています。神との出会いを体験する時、私たちの生き方に決定的な変化が生じるのです。

あるご婦人からの手紙

以前、あるご婦人から、お手紙をいただきました。

実は、以前、このご婦人について一部をこの講演会でお話しさせていただき、また『いのちをみつめて』という本の中でも紹介させていただきました。[8]

今回は、このご婦人のお話の完結編です。「その後」を含めて、もう一度最初からご紹介してみたいと思います。[9]

札幌在住のご婦人からのお手紙は、六枚の便せんに、びっしり書かれていました。

「拝啓、空の青さが夏らしく輝いています。……

（続いて、自己紹介と進行がん患者であることが説明されていました）

私は、今まで大きな病気もせずに、日々の生活に追われながらも女手一つで二人の娘を育て、二人の娘もそれぞれに独立し、これからが私の人生と思った矢先の出来事でした。ショックでした。

頭が真っ白で、広い世界に一人で放り出されたような孤独感・絶望感が二重・三重になって襲いかかってくるのです。いらだち、怒り、不安、不満、不信感、人格が崩れていくことは、手術後の傷の痛みより辛いことでした。

そんな時、娘から渡された本が『いのちのリレー』でした。その中の『応えられた祈り』を何度も何度も読み、神様は私に乗り越えられるだけの苦しみと試練を与えているのだろうか、それであれば、この苦しみは、いつまでも続くはずはないと思いました。

……」

いのちのリレー

この『いのちのリレー』という本は、神奈川県・茅ヶ崎市の小学校の校長先生のドキュメントです。[10]
彼の名は、大瀬敏昭さん。彼は、胃がんにかかって手術をするのです。病気になって、改めて命の尊さを知ります。子供たちに命の尊さを伝えたいと願い、二〇〇三年四月、彼は小学生に「いのちの授業」を始めました。
これは、日本における「いのちの授業」の最初の取り組みでした。その様子は、NHKテレビでも放映されました。日本中で話題になり、日本各地から、小学校や中学校の先生たちが見学に行きました。当時、私たちの病院のすぐ下の有馬中学校からも、先生方が見学に出かけていきました。

しかし、胃がんが再発してしまうのです。大瀬校長は、絶望に陥ってしまいました。そして死を意識し始めます。今後、どう生きるべきなのか？

彼の息子はクリスチャンでした。息子が自分の教会（日本基督教団）の牧師に相談すると、一冊の本を紹介されました。それは『隠されたる神[11]』という本でした。当時彼について連載していた神奈川新聞では、「受難を糧《かて》に薦めた本」として紹介されていました。

大瀬校長は、『隠されたる神』を「憑《つ》かれたように一気に読んでしまった」のです。信仰の世界に目を開かれはじめました。信仰を求めて、牧師のところに行き、聖書研究を始めました。信仰の世界に目覚めたのです。やがて、大瀬校長は洗礼を受けました。

この彼の洗礼に至る過程を、神奈川新聞では「絶望の淵から信仰の世界へ」との見出しで紹介されていました。彼は「信仰の世界」に招き入れられたのでした。

このようなお話が、この『いのちのリレー』という本に出てくるのです。

応えられた祈り

札幌のご婦人は、手紙の中で、こう書き続けていました。

『いのちのリレー』の中に、先生の『隠されたる神』について紹介されていました。その中に引用されている『応えられた祈り』を何度も何度も読み、神様は私に乗り越えられるだけの苦しみと試練を与えているのだろうか、それであれば、この苦しみは、いつまでも続くはずはないと思いました。

娘に頼んで、先生の『隠されたる神』をやっと手に入れることができました。そして『隠されたる神』を読んだ時、私は本当に救われる思いがしました。

なぜ苦難が存在するのか、苦難にはどんな意味があり、どう受け入れれば良いのか。最もつらい時期だった私の心に、ぴったりと、その言葉がパズルのピースのように当てはまったのです。私はむさぼるように読みました。

その時から、私が最も神様に祈り求めたことは、大瀬校長のように、信仰をもって死ぬことでした。自分の心が穏やかになり、癒《いや》されていくと、不思議なことに、体も回復していくのです。宗教とは無縁であった私でしたが、神様を、そして聖書を学びたいと思い始めていました。……

今年三月に退院ができ、笑顔でその時を迎えられたのも、神に出会えたからだと思います。入院中より心に決めていたことは、聖書を学ぶ教会へ行き、信仰を持つことでした。しかし、どこの教会に行って良いかわからず、本の出版社であるキリスト新聞社に問い合わせ、先生と同じ教会を望むと話しましたら、ＳＤＡ札幌キリスト教会を紹介されたのです。……

今、私は洗礼を受けることを強く望んでいます。現在、牧師先生と『聖書基礎講座三・再臨』を学んでいます。この本も先生がお書きになったと伺いました。……

何の不安もなく、死の恐怖もなく、穏やかにすべてを受け入れ準備できることを、神様に感謝し、病に感謝し、そして先生には本を通し私を導きくださり、素晴らしい神様に会わせていただき、本当に感謝しています。有難うございます」

半年後の一二月、再びお手紙をいただきました。

「ぜひ先生にお会いしたいです。神戸にお訪ねしようと思っていましたが、体調が思わしくなく実現しませんでした。すみませんが、一度、札幌に来ていただけないでしょうか」

札幌教会の牧師先生からもお招きを受け、翌年の一月一八日、札幌に出かけました。ちょうど北海道に、その冬一番の寒波が訪れており、雪の中の札幌入りでした。

ホテルまで、牧師先生が車で迎えに来てくださるはずでした。ところが、大雪のために車が動かず、地下鉄を利用することにしました。地下鉄の駅には、牧師先生が長靴をもって迎えに来てくださいました。駅で長靴に履《は》き替え、深い雪道を教会へと向かいました。

一年前に洗礼を受けられたこのご婦人は、二人の娘様と教会に来ておられ、笑顔で迎えてくださいました。以前、手紙で「頭が真っ白で、広い世界に一人で放り出されたような孤独感・絶望感に襲われていた」と書いておられた方が、こう言われたのです。

「死を前にして、何の不安もありません。今まで死んだらどこに行くのか、不安で不安でたまりませんでした。今まで死ぬのが怖くて怖くて仕方ありませんでした。

ところが、聖書を読んで、死んだ後、地獄に行くのではなく、天国が用意されていることを知り、本当に安心しました。死がちっとも怖くなくなりました。信仰をもった今は、天国に行くことがわかっているのですから。これから、神様が何を備えてくださっているのか、楽しみにしています。神様がお許しになる間は、私は生きていきます」

たとえ死を前にしても、なお平安でいることができるのです。死を前にした怒り・不安・不満・不信感が、神様との出会いによって、平安な心に変えられてしまったのです。これは、まさに、神との出会いがもたらす奇跡の体験なのです。これこそが、信仰による奇跡なのです。

あなたに伝えたい命のメッセージ

しばらくしてから、彼女から、またお手紙をいただきました。

「札幌も初夏の風が吹き、優しい風に癒された日々を過ごしています。……先生とお会いして、一年半が過ぎました。昨日のように覚えています。今も感動でいっぱいです。

……（現在の病状の説明が書かれていました）……。

抗がん剤の効果がなければ、秋は見られないとも言われました。来たるべき時が来たのかもしれませんが……。

今、私が強く願うことは、神様が与えて下さった使命を果たしたいということです。以前から考えていたのですが、私は生前葬をしたいと思っていました。初めは、子供たちに迷惑をかけないために、自分の後始末をしっかりやりたいとの思いだったのですが、この一年くらい前より考えが少し変わりました。それは、私の生前葬が伝道に役立たないだろうかとの思いです。

教会の皆様にも、大切な友にも、感謝の言葉、伝えたかった私の思い、何よりも神様を知らない方々に伝えたい言葉がたくさんあります。……

私がこのような状態になっても、家族、友人、大切な人のことを、心の底から幸せを願えること、自分がやわらかい人に変わっていくのを実感しています。幸せです。それは、私が、天国に一番近い場所で、神様の愛を一番感じているのだと思います。恵みも、癒しも、慰めも、望むことすべてが与えられています。……

私の罪の部分も、闇《やみ》も、イエス様が背負い贖《あがな》って下さり、私は人生としっかり向き合い、和解ができています。ありのままで良いのですね。

神様が与えて下さった命で、神様のお手伝いができたらと願っています。いのち豊かに生きる、命輝かせ生きる。神様の心が、神様を信じる心が、歴史を作るのだと感じています。……

私の証し会（生前葬）、お別れ会の準備を始めたいと思っています。先生からメッセージをいただけましたら、とても幸せです。……主の恵みが豊かに注がれますこと、お祈りしています」

二〇一〇年四月四日（日曜日）、札幌キリスト教会にて、彼女の生前葬が行われました。彼女の選んだテーマは、このようなものでした。

「余命六カ月をどう生きますか」　あなたに伝えたい命のメッセージ
彼女の生前葬には、彼女のご両親や二人の娘様たち、親戚、知人、友人など、彼女の関係者百人余りの方々が、日本各地から集まりました。そして、彼らは、彼女の証《あかし》と講演のメッセージに熱心に耳を傾けたのです。彼女は、「あなたに伝えたい命のメッセージ」と題して、このように言ったのです。

家族やみんなに単に死を悲しむのではなく、私の人生観を知ってもらいたい。
心豊かに生きる人生もあることを
病気になってよかったと思える人生もあることを
人と人の繋《つな》がり、神様との繋がりが、命を守るのだと
そして神に委ねて生きる幸いのあることを。

出席した人たちは、彼女のメッセージに大きな感動を受けました。そして、この生前葬から一か月余り後の二〇一〇年五月一四日午前五時九分、天国の希望を持ちつつ、彼女は一時の眠りについたのでした。

彼女は、いつも、こう言っておられたのです。
「これから、神様が何を備えてくださっているのか、楽しみにしています。神様がお許し

になる間、私は生きていきます」

自分中心から神中心の世界へ

コペルニクス的転回という言葉があります。

昔の人々は、地球が宇宙の中心であり、太陽やそのほかの天体は地球の周りを回っていると考えていました。ところがコペルニクスが出てきて、実は、太陽が中心であり、地球はその周りを回っていることを示しました。このように、世界観、人生観などの根本的考え方がひっくり返しになることをコペルニクス的転回というのです。まさに、私たちの人生観に革命が起きることこそ、コペルニクス的転回なのです。

私たちがキリスト者になるということは、このコペルニクス的転回を経験することなのです。「自分中心」の世界から「神中心」の世界への、人生観の革命なのです。以前は神も含めて、すべての世界が自分中心に回っていたのが、キリストとの出会いを体験することによって、神中心の世界に変えられるのです。

アウグスティヌスは、「告白」の冒頭でこう述べています。

「神よ、あなたは私たちをあなたに向けて造られました。私たちはあなたの内に安らうまでは安らぎを得ません」[12]

すべてのものが、究極の真理である神を中心とする時、初めて真の意味での人間の幸福があり、そして宇宙全体の完成があるのです。このすべての中心である神のもとに私たちが憩《いこ》う時、本当の安らぎと慰めが与えられるのです。

「生まれたのは何のために」と問いかけた松木さんはこう言うのです。

「十字架を通して見る時、それがどんなに悲惨で絶望的な生であっても、すべてが、イエスとの出会いという一点のために、準備されたものであることを知るのである」

彼は、自分の不幸な人生、「屈辱的な人生」を、十字架の光を通して見ることができたのです。そして、キリストとの出会いという人生最高の経験にあずかることができたのです。

私たちもこのキリストとの出会いという最高の経験にあずかる者となりたいと思います。

［脚注］

1　初出　セブンスデー・アドベンチスト神戸有野台キリスト教会・医師講演会「いのちをみつめて」
二〇一二年五月二〇日
原題「生まれたのは何のために」
2　ヨースタイン・ゴルデル『ソフィーの世界――哲学者からの不思議な手紙』（池田香代子訳）ＮＨＫ出版、一九九五年
3　Ｖ・Ｅ・フランクル『死と愛』（霜山徳爾訳）みすず書房、一九五七年、五三、五四頁（要約）
4　Ｖ・Ｅ・フランクル『それでも人生にイエスと言う』（山田邦男・松田美佳訳）春秋社、一九九三年、四九、五〇頁
5　松木信『生まれたのは何のために――ハンセン病者の手記』教文館、一九九三年
6　マルティン・ブーバー『我と汝・対話』（植田重雄訳）岩波文庫、一九七九年、一九頁
7　Martin Buber, I and Thou (英語訳 RG Smith), Charles Scriber's Sons, 1958, p.83（意訳）
8　山形謙二『いのちをみつめて――医療と福音』キリスト新聞社、二〇一〇年
9　このご婦人の信仰の証（手紙を含む）については、生前、彼女から「伝道のためにご自由にお使いください」との承諾を得ている。
10　川久保美紀『いのちのリレー』ポプラ社、二〇〇五年
11　山形謙二『隠されたる神――苦難の意味』キリスト新聞社、一九八七年
12　聖アウグスティヌス『告白』（服部栄次郎訳）岩波文庫、一九七六年、五頁（一部改変・意訳）

キリストのあまりの素晴らしさに

——キリストに命をかけた人たち 1

今日の聖句

「それればかりか、わたしの主キリスト・イエスを知ることのあまりのすばらしさに、今では他の一切を損失とみています。キリストのゆえに、わたしはすべてを失いましたが、それらを塵《ちり》あくたと見なしています」（フィリピの信徒への手紙三章八節、新共同訳）

瞑想の言葉

「もし神の子らが始めから終《お》わりを見通すことができ、神の共労者としての自分の果たしている栄光ある目的をみとめることができたら、彼らは、神がみちびかれる以外の道を決して選ばないであろう。……『あなたがたは、キリストのために、ただ彼を信じることだけでなく、彼のために苦しむことをも賜わっている』（ピリピ一章二九節）。天が人に与えることのできるすべての賜物の中で、キリストと共にその苦難にあずかることは、最も重い信任であり、最高の栄誉である」

（エレン・ホワイト『各時代の希望』上巻三六五、三六六頁、文庫判）

スーダンのクリスチャン女性に死刑判決

今年（二〇一四年）五月一六日、衝撃的ニュースが世界を駆け巡りました。

「スーダンのキリスト教徒女性に背教行為で死刑判決」

発信地は、スーダンの首都ハルツームでした。全世界に配信された記事や写真でご覧になった方も多くおられるかと思います。その女性は、スーダンの二七歳の女性メリアム・イブラヒムでした。今年二月、彼女は突然逮捕されたのです。罪状は背信行為ということでした。

彼女は六歳の時、イスラム教徒である父親が家出したため、母親に育てられました。彼女の母親はエチオピア正教会のクリスチャンで、メリアムさんをクリスチャンとして育てました。彼女は、スーダンの栄《は》えあるハルツーム大学、しかも医学部を優秀な成績で卒業して医師になりました。そして、スーダン出身のクリスチャンで、米国市民でもあったダニエル・ワニさんと結婚したのでした。

背信行為という罪状で逮捕された時、彼女は妊娠中でした。逮捕されて以来、毎日二四時間中、ずっと足を鎖でつながれた状態で過ごしました。

五月には長女を出産しましたが、牢獄《ろうごく》で鎖につながれたまま、不衛生な環境中でマヤちゃんを出産しなければなりませんでした。彼女は病院での出産を求めましたが、その要請は却下されました。出産の時ですら鎖につながれたままだったのです。

クリスチャンに対する迫害の問題に取り組む団体（International Christian Concern）は、「メリアムに残されたたった二つ選択肢」として、次のように報告していました。「メリアムに残されているのは、自由で尊厳を与えられた人間なら決して直面することはない、たった二つの選択肢が残されているだけである」

その残された二つの選択肢とは、次のようなものでした。
一、強制的なイスラムへの改宗を受け入れること。
二、自分の信仰を貫いて強く立ち、その結果、自分の救い主の死と復活を信じる信仰をもって死刑にされること。

裁判所は審理に先立ち、柵付きの被告席に座ったメリアムに改心を促そうと、イスラム教の指導者が約三〇分にわたって諭《さと》しました。

しかし、メリアムは穏やかな口調でこう述べたのです。

「初めから私はキリスト教徒です。背教行為を犯したことはありません」

判事はメリアムに対し、判決を言い渡しました。

「私たちは、改宗するよう三日間待ったが、あなたはイスラム教徒には戻らないとの主張を変えなかった。よって絞首刑に処する」

判決は「背教の罪で絞首刑」、それも「公開のむち打ち刑百回の後、公開の絞首刑」でした。

スーダン国民として、メリアムさんは生まれつきイスラム教徒とみなされ、イスラム教からキリスト教に改宗したという背教行為で死刑・絞首刑に処するというのです。

「メリアムを救え」

世界中のメディアが、彼女を救おうと呼びかけました。

「メリアムを救え」（Save Meriam）

「メリアムの処刑を中止せよ」（Stop the execution of Meriam）

「自分の信仰のゆえに死刑を宣告されたメリアム釈放の請願書に署名を」

(Sentenced to death for her faith, Sign the petition to demand that Meriam be set free)

米国では、メリアムの救助を求めるデモが各地で行われました。テキサス州では、共和党のテッド・クルーズ上院議員が先頭に立ってデモを行いました。クルーズ上院議員は、大統領候補に名乗りを上げた共和党の有力な政治家でもあります。ちなみに、彼はアドベンチストとは無関係な人ではありません。彼の奥様はアドベンチスト教団の海外ミショナリーの娘ですし、彼女の兄弟はロマリンダ大学の整形外科医なのです。

米国や英国など多くの国の政府がスーダン政府に働きかけました。全世界で釈放を求める国際的な圧力が功を奏したのです。二〇一四年六月二三日、ついにスーダン控訴裁判所は、第一審の宣告を却下し、メリアムの釈放を命じました。

四か月の拘禁《こうきん》生活の後の釈放でした。混乱を避けるために、彼女は極秘のうちに、スーダン出国となりました。しかし、出国には一か月以上もの時間を要したのです。

二〇一四年七月三一日、彼女はローマに到着しました。これで彼女が解放されたことが世界に明らかになったのです。マスコミは、「ついに安全になった。メリアム・イブラヒムと家族はローマに到着」と一斉に報じました。

信仰は命

ローマ空港で嬉しそうに娘マヤちゃんを抱いて飛行機のタラップを降りるメリアムの姿が放映されました。ローマで法王に面会した後、二〇一四年八月一日、ローマ空港から米国のフィラデルフィア空港に到着しました。マスコミは「スーダンの女性、死刑宣告から自由にされて生きるために米国に到着」と報じました。

彼女は、マスコミのインタビューにこう答えていました。

「私は、キリスト教を棄てるように、三日間の猶予《ゆうよ》を与えられました。牢獄にいた時、イスラム教の学者たち何人かが私を訪ねてきました。彼らはイマーム（イスラム教の指導者）で、コーランを引用しながら、私を説得しようとしました。圧力は相当なものでした。しかし、私は屈しませんでした。私は神様を信じていました。イマームやイスラム教の学者と対面した時、私が持っていた武器はたった一つ、神様への信仰だけでした」

彼女は米国のテレビに出演し、インタビューを受けました。「信仰のために死ぬのが怖《こわ》くはなかったですか」と問われたメリアムさんは、こう答えました。

「状況は厳しいものでしたが、私は、神がどんな時にも、どんな状況にあっても私の側に立っておられることを知っていました。私は神様を信じていました。神様が私を助けてくれる、私が不正の犠牲となっていることは、神様がご存じなことをわかっていました。私は決して、信仰を捨てることはないでしょう。信仰は命です。信仰がなければ、生きていないのと同じなのです」

彼女にとって、信仰とは命がけのものでした。彼女にとって、キリスト信仰は、自分の命よりも大切なものであったのです。

「だれが、キリストの愛からわたしたちを離れさせるのか。患難か、苦悩か、迫害か、飢えか、裸か、危難か、剣《つるぎ》か。……わたしは確信する。死も生も、天使も支配者も、現在のものも将来のものも、力あるものも、高いものも深いものも、その他どんな被造物も、わたしたちの主キリスト・イエスにおける神の愛から、わたしたちを引き離すことはできないのである」（ローマ人への手紙八章三五〜三九節、口語訳）。

私たちが、キリストの弟子になるということは、私たちの全身全霊をかけてキリストに献身することであり、命がけの決意をもって、キリストに従うことにほかなりません。なぜ、私たちは、命がけの決意をもってキリストに従うのでしょうか。それは、私たちは、キリストの十字架における神様の愛を体験したからなのです。ですから、どんなものも、「わたしたちの主キリスト・イエスにおける神の愛から、わたしたちを引き離すことはできない」のです。

セブンスデー・アドベンチスト教会の弾圧事件

先の第二次世界大戦中、当時の軍国主義政府の圧力と指導により、日本のプロテスタント教会は、一九四一年（昭和一六年）、日本基督教団に統合されました。日本基督教団に結集した日本のプロテスタント諸教会は、先頭に立って戦争への全面協力を進めていきました。

一九四四年（昭和一九年）、日本基督教年報は「一機でも多く前線へ」と題して、軍用献納機の必要を訴えて、次のように述べています。

「この献納機には日本基督教団のマークが入るはずである。……我等は教団献納機により、敵米英の空母戦艦撃沈される日を思ふ[2]」

戦況が厳しくなってきた一九四五年（昭和二〇年）、基督教年報は「犂《すき》を替えて剣とならせ」と題して、次のように主張しました。

「国家は今や非常時中の非常時、実に非常時の絶頂に達している。この期において国家の危機を顧みないような者があれば、それは真に非国民と謂《い》わなければならない。……旧約の預言者は『剣を替えて犂となせ』と叫んだが、今はその反対に『犂を替えて剣となす』時代である。今日においては我々のメッセージは平和のメッセージではなくて戦争のメッセージでなくてはならない。かくの如《ごと》きは宗教の本旨を忘れ、徒らに国家におもねるとする者ありとすれば、それは全く国民的自覚なきものというべきであろう」[3]

キリスト教界も含めて、日本社会を挙げて軍国主義一色の中、セブンスデー・アドベンチスト教団は、政府主導の教会統合を拒否し、あえて苦難の道を選択しました。

ついに、一九四三年（昭和一八年）九月二〇日未明、特高警察は、治安維持法違反の容疑で、セブンスデー・アドベンチスト教会の牧師・有力信徒らを一斉に逮捕・投獄しました。その範囲は、樺太《からふと》から、北海道・本州・四国・九州、そして台湾や南方のパラオ諸島にまで及びました。

この特高警察による徹底的な弾圧により、四名の牧師・信徒が獄死（殉教《じゅんきょう》）しています。

戦時中の特高警察の資料は、私たちの教会の先輩者たちが、その信仰のために、いかに生命をかけて真剣に闘ったかを示しています。[4]
この特高警察の資料を見ると、「第七日基督再臨団関係者の不穏言動例」として、いろいろな事例が報告されています。

「本部婦人伝道部主任深沢愛子は、本年八月四日本部祈祷会に於《おい》て、次の如き祈祷を為《な》したり。『私共召された者は、貴方様から与えられた神の国建設の大使命を果《はた》すため、此《こ》の身体は捧げたので御座います。今後如何《いか》なる迫害が身に加へられても、之《これ》に勝って死を賭《と》して戦ひ抜き最後の勝利を得られます様、天よりの御助けを只管《ひたすら》乞《こ》い願ひ奉《たてまつ》ります』」

「信者熊谷マサ子は、本年八月七日、香川県宇多津教会（現在の丸亀教会）に出席し、参集信者に対し次の如き言動を為したり。

『私達は讃美歌を歌ひつゝ、死刑台上に上って行く覚悟でゐなければなりませぬ、基督が十字架を負って死なれたことを思へば、神の子の私達は死刑にされる事位は何も辛いとは思ひませぬ』」

横江清兵衛氏の殉教

この特高資料が、特に詳しく記録しているのが、滋賀のアドベンチストの信徒・横江清兵衛氏です。特高資料の中で、編集者は次のように解説しています。

「これは横江清兵衛の殉教的記録である。戦争が押し進められていく中で、日本の現実を憂える歴史的現実の二元の実体として、まさしく、声にしてはならぬ、あるいは、声にすることをはばかられるその声を、訴えていたことを、この特高の記録が知らせている[5]」

特高警察の記録には、彼の日記からの抜粋が紹介されています。

「我の全てをエスに捧ぐ。天皇もエスの命に反せば、従う必要なし。自己の不利益になることでも、エスのためなら。……造られし天皇が自ら神と称し、人これを神と呼ぶは、神より見れば大罪人なり」

「職業に貴賤ありや。天皇は何が故《ゆえ》に貴きか。職高きが故か、行良きためか。明答しうる者何人ぞ。我は、職に貴賤なく、心に貴賤あるを信ず。しからば、平民中にも心清き者多し、彼らは当然貴族中の心の汚れたる者より、貴からざるを得ず」
「我の全てをエスに捧ぐ。天皇もエスの命に反せば、従う必要なし。自己の不利益になることでも、エスのためなら。なぜ人を恐れるは愛なきためなり」

彼は「天皇は神ではない」と主張しました。当時、みんなが声にすることがはばかられることを、彼はあえて主張したのです。彼が厳しく問われたことは、天皇と神はどちらが偉いかということでした。

彼は、不敬罪の罪に問われ、そして最後は獄死したのでした。彼は、そのキリスト信仰のゆえに捕らえられ、迫害された「信仰の殉教者」だったのです。

キリスト教取締官・西村徳次郎氏の回想記

『昭和キリスト教受難回想記』という小冊子があります。[6] 二〇〇九年の終戦記念日(八月一五日)に出版された本で、ある方のご厚意により、手に入れることができました。文字通り、昭和時代のキリスト教の受難についての本です。

この本の著者は、西村徳次郎さんという人です。彼は当時、文部省宗教局キリスト教担当官の職にありました。政府のキリスト教取り締まりの責任者であった人です。

実は、この本は、終戦直後の昭和二五年に出版されるはずでした。しかし、妨害にあって出版されませんでした。内部資料が流出するのを恐れた文部省（文部科学省）の反対にあい、発行されなかったと言われている本です。そして六〇年近く経って、やっと出版されたのです。

昭和一四年（一九三九年）に成立した宗教団体法により、政府は、キリスト教を弾圧し統制しました。著者の西村さんは、宗教団体法が発布された昭和一四年の秋、文部省宗教局キリスト教担当官になりました。

それまで彼は、キリスト教については全くの門外漢でした。カトリックとプロテスタントの区別さえも知らないまま、仕事につきました。しかし、キリスト教担当官になった西村さんは、仕事上、熱心にキリスト教について学びました。全国のキリスト教会の礼拝や祈祷会には、求道者を装った特高警察が紛《まぎ》れ込んでいました。彼らからもたらされるキリスト教関係の情報を、西村さんはすべて把握していたのです。

セブンスデー・アドベンチスト教会の迫害

この本の第一二章は、「セブンスデー・アドベンチスト教会の迫害」となっています。[7] 彼は、私たちの教会の迫害について次のように述べています。

「ＳＤＡ教会は、覚悟を決めていた。それは、キリスト再臨についての信仰を掲げていたからである。昭和一八年九月二〇日、警視庁・特高課員の一隊は、東京杉並区天沼の教団本部を急襲し、小倉主任牧師以下、十数名の聖職者と信徒を、強制検挙した。……彼らが『治安維持法違反』のかどで、集会結社を禁止されても、教えを捨てるということは、絶対ないはずだった。こうした弾圧に対しても、全部が、殉教をもって戦った」

この迫害の中で、四名の牧師・信徒が獄死・殉教しています。まさにキリストの殉教者でした。獄中で殉教した牧師を、その夫人が迎えに行く場面の様子が、このように記されています。

「担架《たんか》の上に無造作に横たえられた死体の上には、一枚の毛布が掛けてあるきりです。

『急病死です』と看守は申しました。夫人はひざまづいて、祈りをささげながら、そっと毛布を開いてみました。

やせ細った、見るかげもない、破れた衣服をまとった、硬直した牧師の死体が現れました。ちょうど十字架に釘づけになったキリストそっくりの姿です。眼を開けたままで、じっと一点を見つめています。額《ひたい》とほおに打撲傷があって、血がにじんでいます。破れた肩のあたりにも、生々しい傷痕《きずあと》が残っています。投げ出された足の膝関節が、ぐにゃりとなって、紫色に打ち砕かれていました。……ありとあらゆる残虐な拷問《ごうもん》が行われたのは、もう疑う余地もありません。これを病死として無造作に引き渡す。

私の全身は震え、そっぽを向いている看守に、憤怒の叫びを上げようとしたほどです。夫人は静かに手を伸ばして、牧師の瞼《まぶた》を閉じています。動揺は少しもありませんでした。

（そして西村さんは、こう書くのです）

私は、それに激しく心を打たれました。……

この夫人の心は、どんなだったであろう。……

…………

こうした弾圧の中にも、（アドベンチストの）集会が……各地で開かれていた。家庭の集会では、手には福音書と讃美歌をもち、教会特有の敬虔な静寂が満ち渡っていた。

そしてかれらが亡き牧師のために、熱祷を捧げた。

『現実の苦しみが、主のはからいであるならば、さらにこの苦しみを我らに与えたまえ』

彼の声に、一同、唱和した。

『主よ、彼らを赦《ゆる》したまえ。彼らは、そのなすところを、知らざればなり』

穏やかな、流れるような祈りであった。静かに賛美歌が歌われた」

「キリスト教徒は、真理のために祈り、あくまでも無抵抗である。……その心は、あまりにも純真である。彼らを弾圧するのは、のみをつぶすように易しい。このような官憲の監守の目をくぐって集会が、続けられたのは、ただただ、信仰があればこそ、である」

十字架の苦しみに入る喜び

西村さんはキリスト教については全くの門外漢でした。その彼が、キリスト教弾圧の仕事を続けるうちに、クリスチャンたちの崇高《すうこう》な生き方に、心打たれていくのです。彼はこう書いています。

「私はこの目ではっきりと、聖職者が殉教していく、崇高で悲劇的な姿を見た。神の叡《えい》智《ち》と人間の無智が、どのような形において示されたかを、私は生々しい現実の中で、悟った。……

私の眼前には、この世の欲望を捨てて神の僕《しもべ》となった幾多の清く、純朴な聖職者の姿が浮かんできた。

彼らは、絶対者なる神を信仰し、その光によって示された使命を、随喜《ずいき》の涙のうちに、果たそうとするのである。……私はそれをうらやましいと思った。職責と魂の相克《そうこく》はいよいよ激しくなって、それは、時には、肉体的な苦痛すら、私に与えた」

そして、ついに彼は、クリスチャンになる一大決心をして、文部省に辞職願を出したのです。彼はこう書いています。

「ついに目覚めるときが来ました。私は、人間として、何をなすべきか、何処《どこ》に行くべきか、何が私に示されたのか、今こそ、はっきり分かった気がします。私はこれから、迷うことなく、自分の力一杯、出し切って、生きていくことができそうです。私にも迫害がくるでしょう。主よ、私を導いてください。……嘲笑《ちょうしょう》・侮蔑《ぶべつ》・罵言《ばげん》の顔が、私の頭に殺到した。私は、十字架の苦しみに入る喜びが、人々の中に揺れ動いてくるのを見た。私は、信仰というものが、信仰に入ってみて初めて、分かってくるものだということを悟った」

政府によるキリスト教弾圧の嵐が吹き荒れていた一九四四年（昭和一九年）四月八日、彼は、洗礼を受けてクリスチャンになったのでした。西村さんこそは、クリスチャンの迫害者がクリスチャンになった「昭和のパウロ」であったのです。

ここで、西村さんは「十字架の苦しみに入る喜び」と表現しています。これは実に厳粛で意味深長な言葉です。この苦しみが喜びになるという逆説的経験は、「十字架における神の愛」を知ったキリスト者のみが達し得る信仰の奥義なのです。

日本ＹＷＣＡ会長であった関屋綾子さんは、こう言うのです。

「神のみ栄えとなるために、神が人間に約束なさる道は、人間にとって必ずしも栄光と歓喜の道ではありません。しかし、いかなる状況にもせよ、たとえそれが、恥と汚辱《おじょく》の姿にせよ、それが神の栄光を表わすために用いられるものであるならば、私共の側にあっては、ただ感激と喜びと感動とが、これに対して捧げられる応答があるべきなのです[8]」

エレン・ホワイトは、こう言っています。

「もし神の子らが始めから終《おわ》りを見通すことができ、神の共労者としての自分の果たしている栄光ある目的をみとめることができたら、彼らは、神がみちびかれる以外の道を決して選ばないであろう。……『あなたがたは、キリストのために、ただ彼を信じることだけでなく、彼のために苦しむことをも賜わっている』（ピリピ一章二九節）。天が人に与えることのできるすべての賜物の中で、キリストと共にその苦難にあずかることは、最も重い信任であり、最高の栄誉である[9]」

メリアムは、「信仰を捨てることはないでしょう。信仰は命です。信仰がなければ、生きていないのと同じです」と言って、死刑の判決にもひるまずキリスト信仰を命がけで守りぬきました。

横江清兵衛氏は、「我の全てをエスに捧ぐ。自己の不利益になることでも、エスのためなら」と言って、殉教の死を遂げました。

西村徳次郎氏は「十字架の苦しみに入る喜び」を体験し、命がけでキリスト信仰者という苦しみの道をあえて選び取ったのです。

彼らはすべてキリストに出会い、キリストのあまりの素晴らしさを体験したのでした。だからこそパウロは、「そればかりか、わたしの主キリスト・イエスを知ることのあまりのすばらしさに、今では他の一切を損失とみています。キリストのゆえに、わたしはすべてを失いましたが、それらを塵あくたと見なしています」（フィリピの信徒への手紙三章八節、新共同訳）と言うことができたのです。

もし、私たちが、キリストとの出会いの「素晴らしさ」を体験するならば、キリストのために払う犠牲が、たとえ命であったとしても、高価すぎるということは、決してないのです。

私たちも、日々「キリストの素晴らしさ」を体験しつつ、いかなる状況にあっても、キリストに忠実に従う者でありたいと思います。

[脚注]

1　初出　セブンスデー・アドベンチスト神戸有野台キリスト教会・礼拝説教、二〇一四年一一月一日
　原題「キリストのあまりの素晴らしさに」

2　日本基督教年報・社説「一機でも多く前線へ」、一九四四年（昭和一九年）一月二七日

3　日本基督教年報・社説「犂《すき》を替えて剣となせ」、一九四五年（昭和二〇年）一月一〇日

4　同志社大学人文科学研究所・キリスト教社会問題研究会編『特高資料による戦時下のキリスト教運動　1〜3』新教出版社、一九七三年

5　同志社大学人文科学研究所・キリスト教社会問題研究会編『特高資料による戦時下のキリスト教運動　3』新教出版社、一九七三年、一七四〜一八三頁

6　西村徳次郎著『昭和キリスト教受難回想記』聖恵授産所、二〇〇九年

7　前掲書、七一〜七二頁

8　関田寛雄他編『キリストの証人たち4』日本基督教団出版局、一九七六年、一三八頁

9　エレン・ホワイト『各時代の希望』上巻、福音社、二〇一四年、三六五、三六六頁、文庫判

歴史を導き給う神
——リンカーン大統領の信仰に学ぶ[1]

今日の聖句

「人は心に自分の道を考え計る。しかしその歩みを導く者は主である」

（箴言一六章九節、口語訳）

瞑想の言葉

「人類の歴史の記録の中では、世界の諸国民の発展や諸帝国の興亡は、人間の意志や勇気に左右されているかのようにみえる。いろいろな事件の形成は、その大部分が人間の能力や野心あるいは気まぐれによってきまるかのようにみえる。しかし神のみ言葉である聖書の中には幕が開かれていて、われわれはそこに、人間の利害や権力や欲望の一切の勝ち負けの上に、また背後に、あるいはそれを通して、憐れみに満ちた神の摂理が、黙々と忍耐づよくご自身の目的を達成するために働いているのを見るのである」

（エレン・ホワイト『希望への光』福音社、五七三頁）

小さな角《つの》の「新解釈」

つい一か月前（二〇一八年一一月）、興味深い記事がインターネットに出ていました。「ダニエル書七章の『小さな角』の新しい解釈」

小さい角、皆様はよくご存じかと思いますが、要約するとこのようになります。

・十の角を持った国家（獣）が現れる。
・十人の王（十の角）の後に一人の王（小さい角）が起こり
・先の十人の王のうち、三人の王（三つの角）を倒す。
・この王（小さい角）には目があり，また大きなことを語る口がある。

この「新解釈」とは、こういうことでした。

「十の角」を持つ第四の獣は米国である。角は権力、すなわち大統領を表しており、十の角とは、十人の大統領である。『小さい角が出現し、先のものとは異なる』とは、歴代の大統領とは異なる型破りの人物であり、自分中心で、他者の権利や利益を無視し、「大きなことを語る口」を持ち、大言壮語し、世界中をかき乱す者である。……

この記事の「新しい」解釈によると、この小さな角とはトランプ大統領だという訳です。トランプ大統領は、歴代の大統領とは異なる型破りの人物であり、自分中心で、他者の権利や利益を無視、大言壮語し、世界中をかき乱す人物である。三つの角とは、トランプに先立つクリントン、ブッシュ、オバマの三人の大統領であり、トランプ大統領はこの三人の遺産を否定し破壊した。十の角とは、トランプに先立つケネディからオバマに至る十人の大統領であり、現代的政治や宗教政策は、カトリックの大統領ケネディから始まり、大きな変革が米国で起こった時代であった……という訳です。

トランプ大統領の就任以来、約二年が経ちました。彼の政策やスローガン、「アメリカ第一主義（America First）」「アメリカを再び偉大な国へ（Make America Great Again）」が、大きな話題になりました。

アメリカ第一主義、自国の利益のみを追求する政治姿勢は、諸外国だけではなく自国でも批判を浴びております。彼の理念なき利己主義的政治姿勢は、世界中を分断と混乱の中に陥れています。ＴＰＰ（環太平洋パートナーシップ協定）合意の破棄、イラン核合意から離脱、パリ協定（温暖化防止条約）からの離脱、ロシアとの核拡散防止条約の破棄、イスラエルの首都のエルサレムへの強引な移転、米中貿易摩擦など、世界中が彼のためにかき乱されている状況になっています。

この予言解釈の妥当性については、はなはだ「疑問」ではありますが、トランプ大統領を「小さな角」に例える興味深い一つの解釈かと思われました。

各種の世論調査での米国の大統領ランキングが報告されています。つい三か月前のニューズウィーク誌の世論調査は、米国民の四一％が、トランプを史上最悪の大統領に投票していると報じていました。

今年二月のニューヨーク・タイムズ誌は、歴代大統領四四人を対象に、偉大な大統領のランキングの調査結果を報じていました。第一位はリンカーン、第二位はワシントン、オバマ大統領は第八位でした。最下位の四四番目に投票されたのは、やはりトランプ大統領だったのです。

アメリカ・サウスダコタ州キーストーンに、ラシュモア山という標高一七四五メートルの山があります。以前は、何の変哲もない、ほとんど知られていない山でした。

ところが、これが知られるようになったのは、米国の偉大な四人の大統領の像が刻まれてからでした。

この四人の像は、一九二七年から一四年を費やして、一九四一年に完成しました。ラシュモア山の花崗岩《かこう》は非常に硬質で、彫刻作業は困難を極めたため、ダイナマイトで砕きながらの作業となりました。この岩石は非常に硬質であるため、一万年経過しても彫刻の原形を保てると推測されています。それぞれの大統領の顔は一八メートル以上もあり、鼻だけでも約六メートル、瞳は約九〇センチあるようです。

ここに刻まれている四人の大統領は、向かって左から初代大統領のジョージ・ワシントン、第三代大統領のトーマス・ジェファーソン、第二六代大統領のセオドア・ルーズベルト、第一六代大統領のエイブラハム・リンカーンです。
次の五人目はいったい誰にするのか。ある説によりますと、五人目を誰にするかは大論争になるから、この四人だけにしておくということです。

大統領の人気投票で、一位と二位はいつもリンカーンとワシントンで変わらないのですが、中でもリンカーン大統領はいつも第一位で、米国で最も尊敬される大統領と評価されています。大統領の評価で最下位のトランプ大統領と最上位のリンカーン大統領、この二人は、その政治手法や政治理念・信念において全く対照的なのです。

ワシントンDCには、リンカーン記念館があります。一九二二年に創設されました。建物はギリシャのドーリア式で作られており、中にはリンカーン大統領の坐像《ざぞう》が設置されています。

この記念館は、歴史的にもさまざまな演説の舞台に使用されてきました。特に有名なのは、奴隷解放百周年の一九六三年八月二八日、ワシントン大行進のクライマックスで語ったマーティン・ルーサー・キング牧師の「私には夢がある（I Have a Dream）」の演説です。

リンカーンと言えば、南北戦争での奴隷解放の父として知られています。

この記念館の壁には、リンカーンが南北戦争の激戦地となったゲティスバーグで行った演説が記されています。「人民の人民による人民のための政治」で終わる演説は、民主主義の本質を語ったものとして世界的に知られています。[2]

ゲティスバーグへの道

リンカーンのゲティスバーグへの道は、実に険しく困難な道でした。一八六一年に始まった南北戦争は、開始以来、連邦政府の敗北の連続でした。一八六二年、二年目に突入すると、彼にとってますます不利な状況になりました。世論は次第にリンカーンに批判的になり、新聞はこぞって彼を攻撃し始めていたのです。

リンカーンは、モントゴメリー・メイグ将校のオフィスを訪れて、こう言いました。

「私は一体どうすればよいのだ。国民はしびれを切らしているし、財務長官は、財政は底をついたと言っている。状況は、全く絶望的としか言いようがない」

このような絶望としか言いようのない状況の中で、もう一つ不幸な出来事が彼を襲いました。最愛の息子ウィーリーが、肺炎で急死してしまったのです。秘書ニコレイは、彼に語ったリンカーンの言葉を記録しています。

「『ニコレイ、息子は死んでしまった。本当に死んでしまったんだよ』。
そう言った大統領の目は涙でいっぱいであった」

さらに追い打ちをかけるように、彼の妻メアリーは、心痛のあまり錯乱状態に陥りました。彼女は息子の葬式にも参列できませんでした。三か月というもの彼女は自分の部屋から一歩も踏みだそうとはしなかったと記録にあります。

まさに、この一八六二年は、彼が絶望と試練の中にあった年でした。この度重なる試練の中で、彼はどうしたのでしょうか。この絶望に見舞われた一八六二年という年は、リンカーンにとって非常に大きな意味を持つ年となったのです。それは、この年を境に、彼が「祈りの人」となったからなのです。

彼の伝記を書いたターベルは、「リンカーンは、この時から、それまでの観念的な信仰をかなぐり捨てた」と述べています。リンカーンは、「祈りの人」となることによって、「観念的な信仰」をかなぐり捨てて「真の信仰者への道」を歩むようになったというのです。

「観念的な信仰」とはいったいどのような信仰なのでしょうか？　それは、「祈りのない信仰」なのです。

神学者エミール・ブルンナーはこう言うのです。

「信仰は祈りによって生きるものであります。そうです。信仰は本来祈り以外のなにものでもありません。私たちが本当に信じている瞬間には、私たちはすでに祈っているのであります。祈りが止んでしまった時には、信仰も止んでいます[3]」

「信仰と祈りは切り離すことができません。表裏一体です。祈りのない信仰は観念に過ぎず、信仰のない祈りは単なる願望に過ぎないのです。

信仰は、祈るという行為に結晶されて初めて信仰としての意味と力を持ち、祈りは、信仰に基礎付けられて初めて空しくない願いとなるのです。祈ることこそ信じること、信じることこそ祈ることなのです[4]」

「信仰」は、「祈り」に裏付けされて初めて「真の信仰」となるのです。息子の死と連邦の崩壊の可能性を目の当たりにしたとき、彼は、何のためらいもなく極めて率直に、祈りについて、そして信仰について、語り始めたのでした。

新聞記者ノア・ブルックスは、一人静かに祈るリンカーンの姿を、何回も目撃していました。彼はこう書いています。

「時に彼の祈りは、十の言葉に満たない短いものであった。しかし、その十の言葉は、すべて彼の魂からほとばしり出たものであった」

リンカーンが、どんな厳しい状況にあっても、決して絶望せず、また自己絶対化もせずに生き抜くことができたのは、この祈りにあったのです。神の姿が見えなくなりそうな中にあっても、彼は、祈りを通して、信仰の目を持って神を見続けることができたのです。信仰によってのみ、見えない世界、すなわち、実在する永遠の世界を把握できるのです。

「南北戦争」の本質とは

リンカーンの南北戦争における目的は、単に奴隷を救うことではなかったのです。その目的とは、アメリカ合衆国全体を救うことでした。アメリカが犯している罪、すなわち奴隷制度を廃止することこそが、アメリカを救う唯一の道であると、彼は確信していました。彼は、このアメリカ全土を焼きつくす悲惨な戦いを、アメリカ自身に下された神の裁きとして受け止めていたのです。

この戦いは、「北の善」と「南の悪」という戦いではなく、北と南の両方の罪が生み出した結果であると、彼は確信していました。神の前には、南と同様に北も罪人である、もう一度、北も南も、すべての国民は、神のもとに立ち返ることが必要であると彼は信じていたのです。

彼はこのような信仰的信念から、一八六三年三月三〇日を「悔い改めの日」と制定して、次のように布告しました。

「我々は神から多くの恵みを与えられ、国家的繁栄と成功を享受した。しかし我々は、その成功に酔いしれ、神の必要を忘れ、神に祈ることを忘れてしまった。……我々は、我々を導きたもう神のみ前にひざまずき、我々が犯した国家的罪を告白し、上よりの憐れみと赦《ゆる》しを乞《こ》わなければならない」

南北戦争の当初の戦いは、連邦政府にとって決して有利ではありませんでした。状況はますます深刻な事態になってきていました。リー将軍に率いられた南軍は、ポトマック川を渡って、メリーランドに侵入し、ペンシルバニアに迫る勢いでした。

フィラデルフィアは避難民であふれ、北全体は大混乱に陥っていました。リンカーンはフッカー将軍を解任し、新たにジョージ・ミード将軍を司令官に任命して、リー将軍を迎え撃つ計画を立てたのでした。

そして、この南北戦争の天王山である「ゲティスバーグの戦い」が、ペンシルバニアの片田舎で、その火蓋《ひぶた》を切って落とされたのでした。時は一八六三年七月一日でした。

それから四日間、両軍の戦死者が五万人を超える壮絶な戦いが繰り広げられました。そして七月五日、雨の降りしきる早朝、南軍のリー将軍はついに退却を余儀なくさせられたのでした。その結果、南軍は敗北・撤退し、北軍の勝利は決定的となったのです。

翌一八六四年、彼は大統領選挙で再選されました。翌年三月四日の就任演説を、彼は次のような言葉で結びました。

「誰に対しても悪意を抱かず、すべての人に慈愛をもって、神が我々に示したもう正義を固く守り、今行いつつある業《わざ》を成し遂げるために、力一杯の努力を払おうではないか」

一八六五年に入ると、戦況は北に断然有利となりました。そしてついに四月九日、リー将軍は降伏し、四年にわたる南北戦争は終わりを告げたのでした。

ゲティスバーグ訪問

二〇〇二年四月、私はニューオーリンズで開催された米国ホスピス緩和医療学会に出席しました。この学会出席のついでに、米国留学中に非常にお世話になったご婦人を訪問したいと思いました。日本に帰国して以来、二十年以上もお会いする機会がありませんでしたので、この機会にぜひお訪ねしたいと思ったのです。

時は、あのニューヨークの同時多発テロ事件のちょうど半年後でした。週末の金曜と土曜、ワシントンDCの中心部、ホワイトハウスのすぐ近くのホテルに泊まりました。このような時に、ホワイトハウス近くのホテルをとるのがよいのか、ためらいもあったのですが、厳戒態勢の中のアメリカの中枢部の雰囲気を見てみたいというひそかな好奇心もあって、そのホテルにしました。

金曜日の午後ホテルに着き、その後、しばらく近くを散歩してみました。ホワイトハウスの前を通って、ワシントン・モニュメントの広場に向かって歩いてみましたが、どの建物も、厳重な警備が敷かれていました。

この方の娘様のご主人は、レビュー・アンド・ヘラルド社の副社長になっておられました。ワシントンDC近くのメリーランドに私たちの教会の世界総会本部があり、そのすぐそばに、教団の出版社であるレビュー・アンド・ヘラルド社があります。

安息日の朝、メリーランドに住んでいる従姉妹《いとこ》にホテルまで迎えに来てもらって、レビュー・アンド・ヘラルド社近くの彼らの教会に出席しました。お世話になったご婦人との実に嬉しく懐かしい再会でした。お昼は娘様のお宅でご馳走《ちそう》になりました。

午後、どこか行きたい所があるかと聞かれました。私にはぜひ行きたい所がありました。

それはペンシルバニア州のゲティスバーグでした。南北戦争の勝敗の分かれ目となった戦場、あのリンカーン大統領が、民主主義の理想について語ったあの場所です。車で一時間半ほどの距離にあるとのことで、連れて行ってもらいました。

ゲティスバーグに向かう車の中で、日本にもこのような戦場があるのかと聞かれました。その時、思い浮かんだのは、天下分け目の決戦場「関ヶ原」でした。ところが、そのゲティスバーグの戦場に立ってみますと、スケールがあまりにも違いました。一面に広がる大地、周りにさえぎるものが何もなく、見渡す限り無限に広がっていると思われるような広大な戦場跡がそこにありました。

記念碑があり、それには、あの有名なリンカーン大統領の演説が刻まれていました。「人民の、人民による、人民のための政治」という言葉で終わるあの有名な演説です。リンカーンが演説したという場所に立つと、非常に感慨深いものがありました。この演説が、いかに全世界に大きな影響を及ぼしたのか、筆舌に尽くしがたい厳粛な思いにかられました。ゲティスバーグの記念館の中に入ると、当時の戦いが絵となって生々しく描写されていました。

ゲティスバーグの演説

「ゲティスバーグ演説」が行われたのは、ゲティスバーグの決戦から四か月後のことでした。一八六三年一一月一九日、戦死した兵士たちのための国立共同墓地の献納式が行われました。そこには、一万五千人の人々が集まりました。ここで、歴史に残るリンカーンの演説が行われたのです。

この演説を、彼はこのような言葉で締めくくっています。

「ここにいる私たちの責務とは、これらの戦死者たちの死を無駄にはしないと、私たちがここに固く決意し、この国をして神のもとで、新しく自由の誕生をなさしめ、そして人民の、人民による、人民のための政治を、この地上から絶滅させてはならない、と決意することなのです」

この演説は、三日間の激戦の後、北軍が南軍を打ち破って、決定的勝利を得たゆかりの地での演説でした。それにもかかわらず、リンカーンは、北軍の勝利への賛辞とか、兵士への激励の言葉は、何一つ述べていません。ただそこにおいて、彼は「アメリカ合衆国再建の道」を指し示しています。
人は自分の罪の告白を通して「新しい生まれ変わり」を経験するように、アメリカ合衆国は、奴隷解放という「未完の事業に身を捧げること」によって初めて、真に自由で平等な国家に生まれ変わることができるとリンカーンは述べたのです。ここに、リンカーン大統領の政治哲学が示されています。彼の神への純粋な信仰がここで表明されているのです。

このリンカーンの演説は、私たちの「日本国憲法」にも受け継がれています。GHQ最高指令官として第二次世界大戦後の日本占領の指揮を執ったダグラス・マッカーサーは、GHQによる憲法草案前文に、このゲティスバーグ演説の有名な一節を織り込んだのです。

「そもそも国政は、国民の厳粛な信託によるものであつて、その権威は国民に由来し、その権力は国民の代表者がこれを行使し、その福利は国民がこれを享受する」

『ゲティスバーグのリンカーン』という本があります。副題は「アメリカを作り変えた言葉」となっています。[5] この本は、リンカーンのゲティスバーグ演説の歴史的意義と、その経過に踏み込んだ最初の歴史書でした。米国では、この種の書物としては異例のベストセラーになり、一九九三年にピュリツァー賞を受賞しています。この本は、リンカーンのゲティスバーグ演説の歴史的意義について考察した、最初の歴史書となりました。

この本の帯紙には、「人民の人民による人民のための政治……わずか二七二語の演説が、いかにして世界を変えたのか、民主主義の知られざる本質に迫る」と書かれています。

著者ゲリー・ウィルズは、ゲティスバーグの演説を「言葉の威力がこれほど発揮された例はまずほかにない」と評価して、「あらゆる現代の政治演説はゲティスバーグから始まると言っても過言ではない」と述べています。

リンカーンのゲティスバーグの演説は、「人民の、人民による、人民のための政治」という有名な言葉で終わる、たった三分間の演説でした。リンカーンの直前のハーバード大学総長エヴァレットの演説は、実に二時間に及ぶものでした。しかし、そのような長い演説であったにもかかわらず、人々の記憶からは、ほとんど失われてしまいました。

ところが、たった三分のリンカーンの演説は、歴史に残る名演説として後世に残るものとなりました。悠長に構えていたカメラマンが写真を撮ろうと思った時には、もう演説は終わっていたというエピソードが残っているほど、短い演説です。事実、この歴史的演説を記録した写真は一枚も残っていません。

言葉の数から言えば、わずか二七二の単語の演説でしたが、このゲティスバーグの演説は、世界を変えるほどの影響力を持つようになりました。アメリカのみならず、全世界の民主主義を希求する人々への「道しるべ」となったのでした。ゲリー・ウィルズはこう述べています。


「リンカーンは世界を変えた。そして知的革命を生み出した。これはどんな言葉でも成しえなかったことであろう。この奇跡を起こしたのが、彼の言葉であった。流血と傷跡の中から新しい国家を呼び覚ましたのである」[6]

このゲティスバーグ演説は、合衆国独立宣言（一七七六年）、合衆国憲法（一七七八年）と並んでアメリカ史に、特別な位置を占めるものとなったのでした。

あのゲティスバーグの演説から一年五か月後の一八六五年四月一一日、ついに彼は戦争終結を宣言することができました。しかし、残念ながらその三日後、彼はフォード劇場で南部支持者の俳優の銃弾に倒れました。そして翌日の四月一五日午前七時二二分、彼はついに帰らぬ人となってしまったのです。享年五六歳でした。

まさに彼は、「神の正義」確立のための殉教者《じゅんきょう》でした。あれほど望んでいた戦争後の南北の和解というアメリカ再建の仕事に、彼はあずかることはできませんでした。彼は、道半ばにして倒れてしまったのです。まさに非業の死でした。しかし、彼は信仰によって、それを神から与えられた道として受け入れたに違いありません。

祈りの人・リンカーン

リンカーンは、いつも自分自身を「神の摂理の単なる道具（An Instrument of God's Will）」と表現していました。[7] 事実、自分を誉《ほ》めるものがあると、彼は決まって口癖のように、「私を誉めてはいけません。神に感謝しなさい」と言うのでした。

リンカーンの「自分は神の前に罪人」であるとの自覚が、自己絶対化の誘惑に陥ることを免れさせたものでした。それは、戦後処理について、南部に対する寛容な態度になって現れたのです。南部再建案をめぐって、彼は議会と真っ向から対立しました。南部に対する厳罰を主張する議会に対して、彼は熱心に「和解の心」を説いたのでした。

敵を滅ぼす最善の方法とは、何でしょうか？　リンカーンは「敵を滅ぼす一番良い方法は、敵を愛すること、そして敵を友とすること。それによって敵はいなくなる」と言うのです。「敵を友とすることにより、敵を滅ぼす」。これがリンカーンの生き方だったのです。


前述したように、リンカーンの秘書ニコレイは、リンカーン大統領を「祈りの人」と表現しています。しかし、彼の祈りは、決して御利益的なものではありませんでした。彼は決して、自分の立場を正当化するために祈ったのでもなかったのです。

南北戦争の時、南部連合のジェファーソン・デイヴィス大統領が、南軍の勝利を熱心に祈り求めていることを、彼は知っていました。南の牧師、民衆、そして兵士、みんなが熱心に聖書を読み祈っていることも知っていました。

彼はこう言っています。

「両者とも同じ聖書を読み、同じ神に祈り、相手を負かすために、同じ神の助けを願っている。

両者の祈りが、両方とも聞き届けられることはあり得ない」

奴隷即時撤廃を要求する教会の指導者たちとの会合が持たれた時のことでした。その席上、一人の牧師が立ち上がり　神の絶対的導きと守りに対する信仰を持つことの大切さを熱心に説いたのです。

ところが、これに対するリンカーンの反応は、皆が一瞬耳を疑うようなものでした。

「私は、神が私たちの絶対的味方であると言い切ることはできません。私がはっきり確信を持って言い切ることができるのは、神は正義の側に立ちたもうということであります。私の心を一瞬たりとも離れない問いは、果たして私が、そして連邦が神の側にいるかどうかということであります」

彼にとって、神は、決して連邦政府に絶対的に味方するような御利益的存在ではなかったのです。彼にとって問題であったのは、「神が自分の側におられるか」ということではなく、「自分が神の側にいるか」ということでした。[8]

米国の著名な神学者ラインホールド・ニーバーは、リンカーンを「米国の最もオリジナルな宗教思想家（the most original of American religious thinkers）」と評価しています。[9]

彼はこう言うのです。

「リンカーンには、二つの宗教的視点があった。一つは、歴史は神の摂理によって貫かれているという、超越的神へのあくなき信頼であり、二つ目は、人間は神の摂理と同じではなく、間違いを犯しうるという深い自己反省であった」

この信仰こそが、絶望的に見える現実の政治の世界で、彼を支える力となったのです。自分は神の前に罪人であるという自覚が、自分を絶対化する誘惑から免れさせたのでした。彼の人生は多難な人生でした。しかし、いつも、信仰と祈りをもって神の姿を追い求め、神のみ旨に従おうと努めていました。それによって、彼は、死を越え、時代を超える生き方をすることができたのです。その結果、彼は世界史に残る偉大な働きを成し遂げたのでした。

このリンカーンの二つの信念と信仰、すなわち「歴史を導かれる神への信頼」と「人は罪人であり、過ちを犯しうる者」は、私たちすべてのキリスト者の生き方の基本でもあるのです。エレン・ホワイトはこう言っています。

「人類の歴史の記録の中では、世界の諸国民の発展や諸帝国の興亡は、人間の意志や勇気に左右されているかのようにみえる。いろいろな事件の形成は、その大部分が人間の能力や野心あるいは気まぐれによってきまるかのようにみえる。しかし神のみ言葉である聖書の中には幕が開かれていて、われわれはそこに、人間の利害や権力や欲望の一切の勝ち負けの上に、また背後に、あるいはそれを通して、憐れみに満ちた神の摂理が、黙々と忍耐づよくご自身の目的を達成するために働いているのを見るのである」[10]

もう一度、今日の聖句を読んでみましょう。

「人は心に自分の道を考え計る。
しかしその歩みを導く者は主である」（箴言一六章九節、口語訳）

私たちはいろいろと計画しますが、その歩みを導くのは神なのです。

私たちは神と違い、将来を見ることは許されていません。また神と違い、過ちを犯しうる人間でもあるのです。だからこそ、私たちキリスト者は、歴史を導きたもう「神のみ心」を求めて生きていくのです。今日も一日、私たちも信仰者として、神様の導きを求めつつ歩んでいく者となりたいと思います。

[脚注]

本稿は主として左記の書物に基づいている。
鈴木有郷『アブラハム・リンカーンの生涯と信仰』教文館、一九八五年
Joe Wheeler, Abraham Lincoln: A Man of Faith and Courage, Howard Books, 2008
Garry Wills, LINCOLN AT GETTYSBURG : The Words That Remade America, Library Research, 1992.（左記の書物はその日本語訳）
ゲリー・ウィルズ『リンカーンの三分間——ゲティスバーグ演説の謎』（北沢栄訳）共同通信社、一九九五年

1 初出　セブンスデー・アドベンチスト神戸有野台キリスト教会・礼拝説教（二〇一八年一二月一日）。
原題「歴史を導き給う神」

2 この言葉は一四世紀のジョン・ウィクリフの英訳聖書の序言から引用されている。
"This Bible is for the government of the people, by the people, and for the people"
「この聖書は人民の、人民による、人民のための政治に資するものである」

3 ブルンナー『我等の信仰（改訳新版）』（豊澤登訳）、新教出版社、一九五三年、一七三頁

4 山形謙二『負わされた十字架』キリスト新聞社、二〇〇九年、一六頁

5 ゲリー・ウィルズ『リンカーンの三分間――ゲティスバーグ演説の謎』(北沢栄訳)共同通信社、一九九五年

6 前掲書、二一〇頁

7 Joe Wheeler, Abraham Lincoln: A Man of Faith and Courage, Howard Books, 2008, p.25
通常「神の摂理の貧しき器」と訳されている。

8 Joe Wheeler, Abraham Lincoln: A Man of Faith and Courage, Howard Books, 2008, p.23

9 前掲書、p.16

10 エレン・ホワイト『希望への光』福音社、五七三頁

第三章　アドベンチスト信仰に生きる

最後まで信仰に忠実であれ

――ジョンソン初代院長の遺訓[1]

聖書朗読

「キリスト・イエスにあっていだいているのと同じ思いを、あなたがたの間でも互《たがい》に生かしなさい。キリストは、神のかたちであられたが、神と等しくあることを固守すべき事とは思わず、かえって、おのれをむなしうして僕《しもべ》のかたちをとり、人間の姿になられた。その有様は人と異ならず、おのれを低くして、死に至るまで、しかも十字架の死に至るまで従順であられた」（ピリピ人への手紙二章五～八節、口語訳）

瞑想の言葉

「われわれは受ける給料のために働くべきではない。われわれを神のために働かせる動機の中には、利己心に類似したものは何一つあってはならない。無我の献身と犠牲の精神が、過去におけると同様に未来においても、常に神に喜ばれる奉仕の最初の必要条件である。われわれの主、また教師であられるイエスは彼の働きの中に、ひとすじの利己心も織り込まれることをご計画にならなかった」

（エレン・ホワイト『希望への光』四一八頁）

本日は、このようにして神戸アドベンチスト病院創立四六周年の記念礼拝を持つことができますことを心から感謝しております。

私たちの病院の創立者であり初代院長であられた敬愛するジョンソン先生が、去る二〇一九年九月四日、亡くなられました。九二歳のご生涯でした。

本日は、ジョンソン先生のミショナリー・ドクターとしての信仰と献身のご生涯を振り返りながら、創立記念礼拝の時を持ちたいと思います。

今年の九月初め、ジョンソン先生のご長女のローレル・ジョンソンから、次のようなメールをいただきました。

「深い悲しみのうちに、父が去る九月四日の水曜日に亡くなったというお知らせを書いています。母とウォルターと私が共に見守る中、父は亡くなりました。父が穏やかに亡くなったのは、私たちにとって大いなる慰めでした。……母は、この悲しい時に、多くの幸せな日本、そしてあなたとあなたの家族についての思い出によって慰められることでしょう。……」

実は、先生が亡くなられる四日前、八月三一日の安息日に、ジョンソン先生ご本人から、次のようなメールをいただいておりました[2]。

ご挨拶とハッピー・サーバス（Greetings and Happy Sabbath）

愛する友人の皆様方へ

私たちは、あなたがたすべてと、あなたがたが分かち合って下さったお恵みを思い起こしております。それは、私たちにとっては特別な時でした。そして、今やあなたがたのお働きが常に成長し発展していることを見ております。

クリスマスの手紙で書きましたように、骨髄機能不全のため二週間に一度、そして最近は、毎週輸血を受けています。輸血は、これ以上しても、もはや意味がないと判断される時に中止されることでしょう。

私は、現在、「浮腫とカリウム」の薬を飲みながら、ベッドに伏しています。

妻のセルマのＡＬＳ[3]は徐々に悪化し、車いすの生活をしています。

このような中にあっても、私たちはしっかりと気持ちを保ち、日々預言が成就しているのを、目の当たりにしております。最後まで信仰に忠実でありましょう。

私たちは五年前に訪問した時のことを思い起こし、その時の写真を見て楽しんでおります。それは私たち三人にとって特別な時でした。

あなたがたが忠実に主に仕えるとき、主があなたがたを引き続き祝福してくださいますようにと祈っております。


デルマーとセルマ（Delmer and Thelma）

このメールが先生からいただいた最後の手紙でした。まさに先生の遺言ともいえる手紙だったのです。

ここで簡単に先生のご略歴をご紹介したいと思います。[4]

一九二七年四月二四日　米国ワシントン州にて誕生
一九五〇年六月　ワラワラ大学（Walla Walla College）卒業（理学士BS）
一九五四年六月　ロマリンダ大学（Loma Linda University）卒業（医学博士MD）
一九五五年六月　ホワイト記念病院（White Memorial Hospital）にてインターン終了
一九五六年八月　二九歳で宣教師として来日、日本語の集中的勉強（三年間）
一九五九年　日本医師国家試験合格、東京衛生病院の医師となる。
一九六一年七月　ホワイト記念病院にて外科専門医課程開始
一九六五年六月　外科専門医課程修了、米国外科学専門医
一九六五年九月　東京衛生病院院長
一九七〇年三月　神戸アドベンチスト診療所所長
一九七三年一一月　神戸アドベンチスト病院開設、初代院長

一九七五年一月　東京衛生病院院長
一九八一年一一月　米国に帰国

ジョンソン先生と神戸アドベンチスト病院

一九六七年、神戸アドベンチスト病院の前身である神戸アドベンチスト診療所が新神戸駅近くに開設されました。ここに紹介する写真は、神戸アドベンチスト診療所の開所式の光景です。当時の東京衛生病院院長のジョンソン先生が、クリック先生を神戸に送ってくださいました。当時、ジョンソン先生は四〇歳、昔の若き姿です。

クリック先生が米国に帰国された後、東京衛生病院院長のジョンソン先生自らが神戸に来られて、診療所所長に着任されました。

一九六八年二月二〇日、教団理事会で「神戸アドベンチスト病院設立プロジェクト」が決議され、募金目標額は一億二千万円とされました。設立募金のため、教団の元総理ワッツ先生（募金委員長）と元総務の安居堅作先生が任命されました。信仰深い両先生の祈りとご尽力により、人間の目には不可能と思われた一億二千万円の募金が与えられたのでした。

神戸プロジェクト予算は、土地購入費は一億一二六〇万円、病院本館・医師住宅など建設費は一億九八〇〇万円で、合計三億一千万円でした。最終的に、神戸市の誘致により、医療過疎地と言われた、ここ北区有野台の神戸市所有地五千坪を購入しました。一九七二年、病院の建築が開始され、次の年の一九七三年一一月一八日、ついに開院にこぎつけたのでした。

当時、世界中を襲ったオイルショックのため、建築資材が高騰し建設には困難が伴いました。将来的に六階建ての建築を目標にはしましたが、四階建てからの出発となりました。病院の屋上の真ん中の塔（エレベーター塔）は、そのことを示しています。病院の建物は四階建てですが、六階建て用の強固な土台が据《す》えられました。残念ながら、その後の建築基準法の改正により、建物を上に延ばすことはできなくなりましたが、その頑丈な土台により、あの阪神淡路大震災時に、倒壊を免れることができたのでした。

開院当時の記録には、困難な創設期、職員みんなが真剣な祈りと献身のうちに、病院を支えていた様子が記録されています。

開設時の施設管理課長・島田次郎氏[5]は、神戸アドベンチスト病院の季刊誌『香油』に、「医事伝道は意地伝道」と表現して次のように書いておられました。

「平時は一ヶ月一七〇時間働けば良い。

しかし、今は戦場、三百時間以上働かねば、この城は守れない」

月三百時間というと、土曜日を除けば、一日一二時間もの就業時間になります。このような方々の献身的かつ犠牲的な働きによって、今日の神戸アドベンチスト病院の基礎が築かれたことを、私たちは決して忘れてはなりません。

ジョンソン先生と堀口先生

ジョンソン先生の神戸でのお働きの中で、麻酔科医の堀口進先生の存在を忘れることはできません。

当時の神戸アドベンチスト診療所の近くにカトリック系の神戸海星病院があり、国際都市神戸らしく外国人患者用の国際病棟（International Floor）がありました。ジョンソン先生もこの病棟を利用して、ご自分の患者さんたちを入院させておられました。

この海星病院で、ジョンソン先生は、麻酔医の堀口先生に出会われたのです。日本基督教団のクリスチャンであった堀口先生は、ジョンソン先生の信仰的かつ献身的なお姿に接し、そのミショナリー・スピリットに深い感銘を受けられたのです。

堀口先生は神戸医科大学（現在の神戸大学医学部）をご卒業後、東京の米国陸軍病院でインターンを修了、その後、足掛け六年にわたり、米国のニューヨーク州立大学とペンシルバニア大学で麻酔学を学ばれました。また、後には米国の名門ペンシルバニア大学医学部の客員教授も務められ、英語が堪能な先生でした。

堀口先生は、一九七三年の開院当初から二〇一七年に至るまで、四四年間もの長きにわたって、私たちの神戸アドベンチスト病院を支えてくださったのです。

当時、神戸市医師会の会合で、近く新設される神戸アドベンチスト病院のことが話題になりました。その時、堀口先生は、ある先生が「あんなへんぴな北区の過疎地で、しかも肉や魚も出さない病院なんて、すぐにつぶれてしまうだろう」と言うのを耳にされたのです。堀口先生は「絶対に、この病院をつぶすようなことがあってはならない。敬愛するジョンソン先生のために、自分もできる限りを尽くして守ろう」とひそかに決意されたのです。

以前、このお話は人づてに聞いていたのですが、お亡くなりになる四か月前、ご自宅にお伺いした時、先生から直接お聞きすることができました。

堀口先生は、開院以降、毎週一回、ジョンソン先生や産婦人科の辺見譲治先生、外科の八浪保嗣先生の手術の麻酔を担当されました。それればかりではなく、夜間も含めて、時間外の緊急手術にも可能な限り対応してくださいました。

先生は病院の経営が安定するまではと報酬は一切受け取られなかったのです。報酬を断られる先生のお言葉は、いつも「宝は天に積ませていただきます」でした。

先生は、文字通り「むしろ自分のため、虫も食わず、さびもつかず、また、盗人らが押し入って盗み出すこともない天に、宝をたくわえなさい。あなたの宝のある所には、心もあるからである」(マタイによる福音書六章二〇、二一節、口語訳)というキリストのみ言葉を実践されたのでした

一九八三年、創立一〇周年記念式典の時、当時の岡藤米蔵教団総理から堀口先生に特別感謝状が贈呈されました。

堀口先生と言えば、神戸栄光教会(日本基督教団・メソジスト系)とは切っても切れないご

縁があります。神戸には多くのキリスト教会がありますが、神戸栄光教会は、神戸教会（日本基督教団・組合教会系）と並んで、神戸では最も由緒ある教会です。阪神淡路大震災前の神戸栄光教会は、ゴシック様式のレンガ作りの教会堂で、神戸を代表する建造物として有名でした。

堀口先生は、一四歳で神戸栄光教会の斎藤宗治牧師から受洗して以来、生涯を通じて熱心で敬虔なクリスチャンでした。神戸栄光教会の指導的信徒伝道者であり、特に教会学校で青少年の育成に力を注いでおられました。

一九九五年の震災で神戸栄光教会は倒壊しましたが、堀口先生は教会の再建委員長に推挙され、先頭に立ってその再建に力を注がれました。

二〇〇四年一〇月竣工《しゅんこう》となった新しい神戸栄光教会は、神戸市建築文化賞を受賞し、兵庫県の景観形成重要建造物にも指定されました。

二〇一五年一一月、先生は、ご子息様が脳外科医として働いておられる慶応義塾大学病院で、胃の摘出手術を受けられました。術後、東京・信濃町の慶大病院を訪問させていただきました。しばらくお話ししてからお別れの時、お祈りを捧げさせていただきました。

その時、先生も続いて祈られましたが、その祈りはいつものように格調高い文語調のお祈りでした。

年が明けてから年賀状をいただきました。その冒頭に「人の心には多くの計画がある。しかし、ただ主の、み旨だけが、堅く立つ」（箴言一九章二一節、口語訳）とのみ言葉が引用されていました。実に信仰に生きる先生らしい年賀状でした。これが先生からの最後の年賀状となりました

二〇一七年一一月一八日（土）、堀口進先生は亡くなられました。あと六日で、八七歳の誕生日を迎えられるところでした。奇しくも、この日は私たちの病院の創立記念日で、かつ安息日の創立記念礼拝が持たれている時であったのです。

葬儀は一一月二〇日、神戸栄光教会にて挙行されました。ご家族は、堀口先生がこよなく愛された神戸アドベンチスト病院にぜひ立ち寄りたいと、葬儀場から火葬場へ行く途中、わざわざ神戸アドベンチスト病院に寄って行かれたのです。

堀口先生は、ジョンソン先生の信仰とミショナリー・スピリットに感動され、その敬虔な信仰によって私たちの病院に多大な貢献をしてくださった先生でした。

ジョンソン先生の帰米とその後

一九八一年一一月、ジョンソン先生は米国に帰国され、日本における足掛け二五年にわたる先生のミショナリー・ドクターとしてのお働きに終止符が打たれました。これは、オレゴン州の年老いたお父様の世話をするための苦渋の決断だったのです。一九八一年一一月六日の東京新聞は「青い目の赤ヒゲ先生——惜しまれつつ米国へ帰国」との見出しで、これを報じておりました。

神戸でもジョンソン先生のお別れ会が持たれました。お別れ会の写真には、当時の院長の辺見譲治先生ご夫妻、副院長高木謙三先生ご夫妻、八浪保嗣先生ご夫妻、堀口進先生ご夫妻、江本新初代事務部長ご夫妻など、創設期の病院の発展に寄与してくださった方々の懐かしいお姿が見られます。

お別れ会から時が流れること三二年、二〇一三年九月一六日（祝）、神戸アドベンチスト病院の創立四〇周年記念式典が持たれることになりました。この式典には、神戸アドベンチスト診療所・初代所長のクリック先生と神戸アドベンチスト病院・初代院長のジョンソン先生をご招待し、彼らのミショナリー・スピリットを職員一同がもう一度学び、それを継承していく機会としました。過去四〇年間の神様のお導きと祝福を振り返りながら、神様や先輩の職員方に感謝する会として、私たちは、記念式典ではなく感謝記念礼拝としました。

嬉しいことに、八六歳になられる初代院長のジョンソン先生がご家族と共に出席してくださいました。クリニックの初代所長であったクリック先生も、ご家族と一緒に参加してくださいました。

この感謝記念礼拝は、パイオニアの先生方のメッセージをいただき、職員一同が医療伝道への献身を新たにしつつ、病院の将来に向かって新しいステップを踏み出す良い機会となりました。

創立記念礼拝に先立つ九月一四日の安息日、神戸有野台教会において、ジョンソン先生による礼拝説教が持たれました。説教の題は「二人の女性、二つの賜物、そして神戸アドベンチスト病院」でした。[6]

先生は、二人の女性、すなわち「たったレプタ二枚という全財産を捧げた貧しい女性」と「高価な香油をキリストの足に塗ったマリヤ」を紹介して、こう言われたのです。

「二人の女性は全く対照的な捧げものをしました。一人の捧げものは、ほとんど価値のないものであり、もう一人の捧げものは非常に高価なものでした。しかし両者の献身の心は、神には同じものとして受け入れられたのです。

この神への献身と犠牲的姿勢こそが、神戸アドベンチスト病院の驚くべき成長の秘訣《ひけつ》であったのです。確かに、この資質こそが、牧師であろうと教師であろうと医療者であろうと、あるいは他の分野の働きであろうと、主の働きに召された人々に必要とされているものなのです」

先生は、聖書朗読として、次のみ言葉を選んでくださいました。

「キリスト・イエスにあっていだいているのと同じ思いを、あなたがたの間でも互に生かしなさい。キリストは、神のかたちであられたが、神と等しくあることを固守すべき事とは思わず、かえって、おのれをむなしうして僕のかたちをとり、人間の姿になられた。その有様は人と異ならず、おのれを低くして、死に至るまで、しかも十字架の死に至るまで従順であられた」（ピリピ人への手紙二章五～八節、口語訳）。

このみ言葉を通して、謙遜にも僕のかたちをとられ、かつ十字架の死に至るまで従順であられたキリストのご生涯に、私たちの思いと心が向けられました。そして先生は次のように語られました。

「そして今、私たちは、過去四〇年にわたって、神が、神戸アドベンチスト病院を誕生させ、今日の成功に導かれた神の御業《みわざ》をお祝いしています。これらのすべては、神戸プロジェクトに関係した方々の勤勉で熟達した努力に裏付けられた個人的犠牲と神への個人的献身の結果として、可能となったものでした」

先生は、瞑想の言葉として、エレン・ホワイトの次の言葉を紹介してくださいました。

「われわれは受ける給料のために働くべきではない。われわれを神のために働かせる動機の中には、利己心に類似したものは何一つあってはならない。無我の献身と犠牲の精神が、過去におけると同様に未来においても、常に神に喜ばれる奉仕の最初の必要条件である。われわれの主、また教師であられるイエスは彼の働きの中に、ひとすじの利己心も織り込まれることをご計画にならなかった」(エレン・ホワイト『希望への光』四一八頁)。

私自身の体験になりますが、米国留学中の一九七四年、一時帰国した時、当時の江本事務長のお誘いを受けて、ここ有野台に立ち寄る機会が与えられました。できたばかりの病院の建物は、今の建物に比較すれば、まだまだ小さいものでした。当時、四階の病室は、看護師など職員の住居になっていました。

その時、私は衝撃的な事実を目にしたのです。それは、初代院長のジョンソン先生が、病院の四階の病室を住居として、奥様と一緒に住み込んでおられたことでした。米国での医者の豪華で豊かな生活ぶりを見ていた私にとって、この情景はまさに衝撃以外の何ものでもありませんでした。米国にいれば、プール付きの豪邸に住み、夜の当直をもとらずに、ゆったりと優雅な生活を送れるはずなのに……。

わざわざ遠く異国日本に来られて、一軒家にも住まわれず、病室に住み込んでおられるお姿、これこそが、まさにミショナリー・スピリットなのだ、と思い知らされました。先生は、最後まで医師用の一軒家はほかの先生に譲って、自らの意思で病室に住み込んでおられたのです。先生は自ら体を張って、二四時間、病院を守っていてくださっていたのです。

ジョンソン先生が日本の医療伝道のためにこのように頑張っておられるのなら、日本人である自分こそが、早く日本に帰ってきて、祖国日本の医療伝道に尽くさなければならないと、決意を新たにしたものでした。

「われわれを神のために働かせる動機の中には、利己心に類似したものは何一つあってはならない。無我の献身と犠牲の精神が、過去におけると同様に未来においても、常に神に喜ばれる奉仕の最初の必要条件である」

先生が引用されたこの「瞑想の言葉」は、昔の先生ご自身のお姿と重なって、非常に感銘深くかつ説得力のあるものでした。ジョンソン先生は、その生ける身をもって、この言葉の真実性を私たちに教えてくださったのでした。

二〇一三年のクリスマスの手紙には、次のように書かれていました。

「今年の私たちの最大の祝福は、神戸アドベンチスト病院の創立四〇周年記念式典に、お招きを受けて参加できたことでした。私たちの年齢から旅行に出かけるのを躊躇《ちゅうちょ》しましたが、娘のローレルに一緒に行ってくれるように頼みました。彼女は何年も日本に行っていませんでしたので、彼女にとっても楽しい旅行でした。

私たちは、直接神戸に行って週末を神戸の病院と教会で過ごし、九月一六日の記念式典に出席しました。これは、神が献身した働き人を通して成し遂げられたみ業を祝う喜びの式典でした。次の日は、病院は、私たち三人に京都旅行と素敵な昼食をプレゼントしてくださいました。

それから、私たちは新幹線で東京に向かいました。神戸と東京において、私たちが以前働いた病院の進歩と発展に感銘を受けました。多くの愛する友人や共労者にお会いできたことは、特別なお恵みでした。私たちの日本での最後の夜は、子どもたちからの特別なプレゼントで、伝統的な日本式の旅館で過ごしました。素晴らしい旅行の終わりにふさわしい昔懐かしく心に残る体験でした。……」

この手紙には、先生ご家族三人の京都・金閣寺での写真と、旅館の和室で畳に座って浴衣《ゆかた》姿で食事をとっておられる写真が添えられていました。この手紙と写真を通して、こよなく日本を愛された先生ご一家のお気持ちが伝わってきて、胸がジーンと熱くなる思いがしたのです。

二〇一六年五月、米国カリフォルニア州のロマリンダを訪問する機会があり、懐かしいジョンソン先生ご夫妻にお会いすることができました。今となっては、この時がジョンソン先生とのこの世での最後の交わりの時となりました。お別れする時、ジョンソン先生は私の手を握りながら、「いつも神戸のことを覚えて祈っています」と言ってくださいました。

私たちの病院の職員手帳の最初のページに「病院設立の目的」として、次のように書かれています。

「神戸アドベンチスト病院は、ただ一つの目的、癒《いや》しと治療を受けるために来院する全ての人々に、イエス・キリストを紹介し、慈愛ある看護により、キリストの愛を示し、彼がなされた癒しの奉仕の完全卓越さを表わし、神の戒めに従うすべての人々に、心から協力してくださる神の無限の力を与えるために設立されたものである。

この目的達成のために、病院のあらゆる部門の働き人は、その時間、能力のすべてを献《ささ》げ、最善の努力をしなければならない。来院する患者一人をも、永遠の生命なるキリストを知ることなく病院を去らせてはならない」

私たちの病院の玄関を入って正面に、少年を癒されるキリストの絵画（ハリー・アンダーソン作）が掲げられています。これは、ジョンソン先生ご夫妻が、私たちの病院に寄贈してくださった絵であり、この絵には「病院を訪れる患者さんたちがキリストに出会うように」とのジョンソン先生ご夫妻の祈りと願いとが込められているのです。この絵は、いつもイエス・キリストこそが私たちの病院の中心であることを教えてくれているのです。

開院以来四六年間、ここ神戸有野台の地において、病院と教会は協働しながら、福音宣教に従事してきました。神戸アドベンチスト病院は「教会の病院」であり、神戸有野台教会は「病院の教会」なのです。この四六年間、神様からの豊かなお恵みをいただきながら、神戸アドベンチスト病院と神戸有野台教会は、福音宣教の両輪として、共に協力し合いながら歩んできたのです。

私たちの病院は、神戸有野台教会と共に、地域社会における「世の光・地の塩」としての働きを目指してきました。神戸有野台教会のミッション・ステートメントには、こう書かれています。

「わたしたちＳＤＡ神戸有野台教会員は病院と一体となり、間近いキリストのご再臨に備えるため、キリストを中心とした愛の交わりを大切にし、地域の人々に愛と奉仕の精神を持って仕え、救いの喜びを伝えます」

ジョンソン先生は、真のミショナリー・ドクターでした。神戸アドベンチスト病院にとっては、本当にかけがえのない偉大な信仰の先輩者を失いました。

最初に紹介しましたように、ジョンソン先生からの最後のメールに、「最後まで信仰に忠実でありましょう。あなたがたがキリストに忠実に仕えるときに、主が引き続き祝福してくださいますようにというのが私たちの祈りです」とありました。

この「最後まで信仰に忠実であれ」とのメッセージは、神戸アドベンチスト病院、そして私たち職員一人一人へのジョンソン先生の祈りと願いが込められた尊い遺訓なのです。

ヘブル書の著者は義人アベルについて、「彼は死んだが、信仰によって今もなお語っている」（ヘブル人への手紙一一章四節、口語訳）と述べていますが、ジョンソン先生も、信仰によって、いつまでも私たちに語りかけてくださることでしょう。

ジョンソン先生の信仰を継承し、神の宣教の業に仕える病院として、いかに将来に発展させていくのか、これが私たちに課せられた厳粛な課題なのです。
創立四六周年にあたり、神様への献身をもう一度新たにして、私たちに与えられた医療伝道に献身していきたいと思います。

［脚注］

1 初出　セブンスデー・アドベンチスト神戸有野台キリスト教会説教　二〇一九年一一月一六日
神戸アドベンチスト病院　第四六回創立記念礼拝
原題「最後まで忠実であれ――ジョンソン先生の遺訓」

2 このメールは、ジョンソン先生のご遺族の許可を得て引用させていただいたものである。

3 日本語の病名は「筋委縮性側索硬化症」で、重篤な筋萎縮と筋力低下をきたす神経変性疾患

4 この資料は、東京衛生病院広報課からの情報によるものである。

5 島田真澄現教団総理のお父様

6 英語の原題名は、Two Women, Two gifts, and Kobe Adventist Hospital

わがアドベンチスト信仰

——そのルーツと継承 1

今日の聖句

「神は、神を愛する者たち、すなわち、ご計画に従って召された者たちと共に働いて、万事を益となるようにして下さることを、わたしたちは知っている」

（ローマ人への手紙八章二八節、口語訳）

瞑想の言葉

「天の父なる神は、私達が思いつくこともできない多くの道を、私たちのために備えておられる。神に奉仕し、神のみ栄えを現すことを最高のものとするというただ一つの原則を受け入れる者は、様々な困難が消え去り、平らな道が開かれてゆくのを発見するであろう」[2]（エレン・ホワイト『各時代の希望（英文）』三三〇頁）

失望から希望へと変わった日

今日の安息日は一〇月二二日です。今日はいったい何の日でしょうか？

そうです。一八四四年一〇月二二日、再臨信徒の大失望の日です。今年（二〇一六年）は、大失望の日から一七二年目になります。一八四四年、それは私たちにとって「失望から希望へと変わった時」でもあるのです。

一八四四年の大失望以降、再臨運動は多くの派に分裂していきました。アドベンチスト教会の母体となったグループは、その中で最も少数派でしたが、ほかの教派がほとんど衰退あるいは消滅していった中で、アドベンチスト教会のみが再臨派最大の世界教会に成長していったのでした。セブンスデー・アドベンチストという名前が示すように、私たちの教会は、第七日安息日と再臨信仰を掲げて、世界宣教を展開していったのでした。

プロテスタントの福音派の有力誌『クリスチャニティ・トゥデイ（Christianity Today）』誌は、二〇一五年一月二二日号で、私たちの教会について次のように報告しておりました。

「十年続けて年間百万人以上がアドベンチストになり、二〇一四年には教会員が、一八一〇万人となった。現在では、アドベンチスト教会は、カトリック教会、東方正教会、聖公会、アッセンブリーオブゴッドに次いで、世界で五番目の世界教会となった」

今年（二〇一六年）末には、全世界のアドベンチストは、二千万人を突破すると予想されています。[3] このアドベンチスト信仰は、日本にいる私たちにも伝えられてきました。私たち教会員は、それぞれ、いろいろな経緯でこのアドベンチスト教会に連なるという祝福にあずかることになりました。

それぞれがアドベンチスト信仰に至った道は、実に不思議としか言いようのないものであり、そこには、神様のくすしきお導きがありました。私たち一人一人がこのアドベンチスト信仰に導き入れられた経緯は、それ自体が大きな奇跡でありドラマなのです。

それは、私自身の信仰生活を振り返ってみても奇跡でありドラマでした。今朝は、私自身が、いかにしてこのアドベンチスト信仰に導かれるようになったのか、自分自身の信仰のルーツ、そして信仰の継承について、お話ししてみたいと思います。

祖母山形たけ子のキリストとの出会い

私自身の信仰のルーツは、祖母の山形たけ子から始まります。

一九七八年、祖母たけ子の百歳の誕生を祝って、たけ子に導かれた人たちが集まってお祝い会をした時でした。彼女は、皆の前で旧約聖書の出エジプト記二〇章の十戒を暗唱して、参加者たちを驚かせました。

彼女は生涯を通じて、常に聖書に親しみ、十戒や三天使の使命、山上の説教など、聖書の重要な箇所はすべて暗記しておりました。そして、たけ子の信仰は、四人の子供、十一人の孫、そしてひ孫に至るまで継承されてきました。

たけ子は、明治一一年、福岡県・久留米に生まれました。明治二七年、一六歳の時、ある信仰篤《あつ》い奥様との出会いがありました。間もなくこのご婦人は引っ越していきましたが、キリスト信仰について、彼女に強い印象を残していったのです。

明治三〇年、一九歳で、三菱商事に勤めていた山形熊吉と結婚しました。その六年後、二五歳の時、熱心なクリスチャン女性の影響で、メソジスト教会に出席するようになりました。

華道・茶道に親しんでいたたけ子は、「日本華道・池坊《いけのぼう》」で、家元に次ぐ「大日本総華督（雅号：梅寮園清香）」（池坊で唯一人）に推挙されました。

明治四四年、三三歳の時、九州での陸軍大演習の際、明治天皇の行在所《あんざいしょ》の生け花を担当する役を仰せつかりました。当時、明治天皇の行在所の生け花を担当するというのは、非常に名誉なことでした。各流派が競って代表を推薦した中で、たけ子が選ばれたのでした。

これをきっかけに、彼女のもとには、多くの社会的影響力のある将校夫人や師団長夫人などがこぞって華道・茶道を習いに来るようになりました。

衝撃的な神との出会い

当時、たけ子は、メソジスト教会の信者だったのですが、自分の心の中の「罪」との闘いに苦しんでいました。ある朝、鏡に向かって髪をとかしていると、突然、鏡から神が現れ給うという衝撃的経験にあずかったのです。残されている彼女の「証《あか》し」には、こう記されています。

「元来、私は病弱な身体の持ち主で、これが絶えず私を悩ましました。もう一つ私を悩ましたのは、骨の鎖といわれている妬《ねた》みの罪でした。……そのようなある日、それはすがすがしい秋の朝でしたが、涼しい風に心地よくなぶられながらも、心は妬みの罪の恨《うら》めしさを苦にしながら髪をとき流していますと、それは、丁度《ちょうど》午前十時頃のことです。私は思いがけもなく、貴いもったいない神様のみ前に立たせて頂きました。私はびっくりいたしました。その清らかさ、その妙《たえ》なる有様は言葉や筆紙にあらわされることではありません。その嬉しさ、喜ばしさ、身に余る有難《ありがた》さは、これを経験なさった方のご想像にお任せする外はありません。私ははっきり神様を知ることができました。

私はこのまま神様のみ前に留まっておりたいと願いました。こんな大罪人の私もお赦《ゆる》しを頂いて、神様の御前に救われることを知った時、歓喜と勿体《もったい》なさ、余りの嬉しさに身の置き所がありませんでした。

あの神様のみ前に召されるならば、この世の生活よりはるかに幸福であることを知りました時、どうしてあんなに死を恐れ、病弱を苦にしたかを不思議に思い、ただ、み旨のままに、この世において下さっても、また召されても、どちらでも有難いと考えるようになりました。

私はまず、夫と子供に神様をお知らせすることが私の使命と考え、それからは何もかも打ち捨てて伝道に夢中になりました」[4]

彼女は池坊から独立して新しい流派を創ることを思い描いていたのですが、この衝撃的な神との出会いの後は、ただひたすら伝道に献身するようになりました。当時、彼女のもとには、多くのご婦人たちが華道・茶道を習いに来ていましたが、彼女は、その謝礼をすべて聖別し、その資金で久留米メソジスト教会堂を建設したのです。

彼女は信徒伝道者として、そしてオルガニストとして教会活動に献身しておりました。当時、彼女は、後にメソジスト教会監督となった釘宮《くぎみや》辰夫《ときお》牧師を信仰の師と仰ぎ、その指導を受けていました。さらにメソジスト教会のもう一人の指導的人物であった日野原《ひのはら》善輔《ぜんすけ》牧師（日野原重明医師のご尊父）とも親交がありました。

夫の熊吉は、一九二三年（大正一二年）、たけ子が四五歳の時、病を得て亡くなってしまうのです。しかし、彼女の熱心な祈りにより、熊吉は、病床でキリスト信仰を受け入れました。その葬儀は、日本メソジスト神戸教会（現在の日本基督教団神戸栄光教会）の牧師であった日野原善輔牧師が担当してくださいました。葬儀の告別説教が巻物として残されていて、冒頭には「山形熊吉君の葬儀にて　死より生命へ　日野原牧師」と記されています。日野原牧師は、その後も数年にわたって毎年、当時の交通が不便な時代に、遠路はるばる神戸から久留米までお越しくださり、追悼会を持ってくださったのです。

たけ子の熱心な祈りは聞かれ、やがて四人の子供たち全員がキリスト信仰を持つようになりました。

アドベンチスト信仰との出会い

一九三一年（昭和六年）二月、たけ子は長女雅子の受験のため付き添って上京しました。当時、流行していた編み物の指導者・江藤春代様の紹介で、山本兎茂喜《ともき》姉宅に滞在することになりました。

アドベンチストの信徒であった山本家では、週に一回国谷秀《ひいず》先生の聖書研究会が行われていました。たけ子は、キリストの再臨と安息日の真理について初めて耳にして非常に驚いたのです。彼女はさらに一か月滞在を延ばして、週三回、国谷先生による集中的な聖書研究を受けました。その結果、彼女はアドベンチスト信仰を受け入れ、久留米に帰郷したのです。

久留米に帰った彼女の第一声は、「新しい聖書の読み方を習ってきました」でした。翌年の一九三二年（昭和七年）、たけ子と共に、まず七名がメソジスト教会を脱会してアドベンチストとなりました。最終的に、メソジスト教会からの脱会者は教会員全体の半数にも及びました。

アドベンチスト教会との衝撃的な出会いから四年後の一九三五年（昭和一〇年）、二七名の教会員をもって、山形邸内にセブンスデー・アドベンチスト久留米教会が組織されました。千坪の広大な山形邸の敷地内に、教会・バプテスマ槽が建設されました。たけ子は四人の子供たちと共に、自宅で安息日の集会を守ると共に、子供伝道にも力を入れました。

その後も、たけ子は熱心な信徒伝道者として献身し、一九三六年（昭和一一年）のセブンスデー・アドベンチスト教団九州部会総会は山形邸にて開かれました。

その後、戦争へと突き進む時代にあって、段々とアドベンチストにとっては困難な時代になっていったのでした。

セブンスデー・アドベンチスト教団弾圧の中で

一九四三年（昭和一八年）九月二〇日、特高警察は、治安維持法違反の容疑で、セブンスデー・アドベンチスト教団の牧師・有力信徒らを一斉に逮捕・投獄しました。

九州・久留米のたけ子の家にも警察が踏み込んできました。そして、聖書やキリスト教関係の書籍、新聞のスクラップや日記から手紙類に至るまで、すべてを容赦なく荒縄で縛って、没収していったのです。

その混乱の中で、私の母・山形寛子はとっさに、手もとにあった一冊の小さな新約聖書を風呂場の薪《まき》の下に隠しました。聖書をはじめ、すべてのキリスト教関係の書物が取り去られた中にあって、この小さな聖書だけが母の手もとに残されました。

当時の軍国主義社会のただ中にあって、アドベンチストは、売国奴・非国民と、世間から迫害され批判されました。このような暗黒時代にあって、この一冊の小さな聖書が、たけ子や母の人生を照らす唯一の光として存在していたのです。この聖書を見るたびに、私は次の聖書のみ言葉を思い出すのです。

「主なる神は言われる、『見よ、わたしがききんをこの国に送る日が来る、
それはパンのききんではない、水にかわくのでもない、
主の言葉を聞くことのききんである』」（アモス書八章一一節、口語訳）

母は、私が一九歳の時に亡くなりましたが、形見としてこの聖書を譲り受けました。

この母の聖書を手にするたびに、将来の「み言葉の飢饉《ききん》」に備えて、み言葉を心のうちに蓄える必要性をいつも思わされるのです。

我がアドベンチスト信仰の継承

終戦直後、父・山形謙吉は、一時、再建途上の教団本部（天沼）の会計事務部で働き、その後、福岡教会と久留米教会の牧師（兼牧）として派遣されました。その後、東京物理学校を卒業していた父は、私が四歳の時、千葉の楢葉《ならは》にあった日本三育学院の理科・数学の教師として招聘《しょうへい》されました。

そのため、私は、幼少時からずっと楢葉にあった日本三育学院のキャンパスで過ごしながら、小学校から中学校・高校・カレッジ（中退）と一貫して三育教育を受ける特権にあずかりました。それまでは、ある意味でアドベンチスト社会というゲットーの中だけで生きていたとも言えます。

日本社会との出会い

大学に入り、東京で学生生活を始めた時、初めて本当の意味で、私と日本社会との出会いがあったと言えるでしょう。極端に言えば、それまで日本三育学院のキャンパス内では、みんなと同じことをしていればよかったのです。

しかし、大学では「ほかの人がそうしている」ということは、決して「自分がそうする」という理由とはならなかったのです。ここで、私の親譲りの信仰が本物であるかを試される時が来たのです。常に神の前で、自分がどう決断し、どう歩むかが問われました。例えば、午前の授業が終わると、昼休みは友人たちと一緒に学生食堂に行き、輪になって食事をするわけです。皆が食べ始める時、周りの強い視線を感じながら、一人だけ食前の祈りを捧げるのです。終わると「神さんに何て祈ったんだ」などと聞かれることもしばしばでした。

大学入学直後、日本育英会の奨学金申請をしました。学生部の事務所に行き、窓口で指定された書類を提出しました。ところが、担当の係官はその書類を見ながら、こう言い放ったのです。

「こんないいかげんな書類は受け付けられない。君のお父さんは先生か？　お父さんの年なら、給料はこの二倍以上はあるはずなんだよ。だから私学の書類は信用できないんだ」

そう言って「不正」書類を突き返されました。私は、想定外の一瞬の出来事に、何と返答してよいかわかりませんでした。後ろに大勢の学生が並んで見守っている中で、そのまま、突き返された書類をもって、引き下がるほかはありませんでした。

しかし、この時ほど父の姿がまぶしく輝いて見えた時はありませんでした。世間の常識から見れば信じられないような薄給で、父が三育教育に従事していることを初めて知り、その突きつけられた事実の重さに圧倒されていました。

それは、私の父ばかりではありませんでした。戦時中の弾圧によって、徹底的に破壊された教団再建の困難な時代の中で、ただひたすら信仰により献身した先生方によって、今日の三育教育の土台が築かれたのでした。先生方が非常識とも言える薄給で献身しておられたのは、キリストへの篤い信仰と三育教育への情熱があればこそであったのです。

東大キリスト教青年会での寮生活

大学二年目から、私は東京大学キリスト教青年会（東大ＹＭＣＡ）の寮に入りました。入寮の条件は、「キリスト者、あるいはキリスト者たらんとする者」でした。当時の寮は古くなって新築されていますが、私たちは、この古い寮の最後の世代でした。

そこで四年間、いろいろな教派のクリスチャン（日本基督教団・ルーテル教会・カトリック教会・聖公会・無教会など）の学生たちと寝食を共にして親しく交わる機会が与えられました。ここでの寮生活は、私自身のその後のキリスト信仰（特にアドベンチスト信仰）の形成に多大な影響を与えるものとなったのでした。

アドベンチスト型ライフスタイルの祝福

入寮して間もなく、一つの事件が起こりました。名付けて「魚・まるごと廃棄事件」。寮には、二人の寮母さんがいて、食事を用意してくれていました。ある晩、一人の寮母さんからクレームが出たのです。それは、「夕食の魚を丸ごと捨てた寮生がいる。人の作った料理を、まるごと捨てるとは！　犯人は誰だ」というものでした。

実は、その犯人は私だったのです。入寮間もない私は、おそるおそる「自首」いたしました。「すみません。私です。実は、私は小さい頃から菜食で育っており、肉や魚は食べないのです」

すると寮母さんの態度が急に変わり、「そうだったら、なんでもっと早く教えてくれなかったの」と優しく言ってくれました。

早速、次の日から寮母さんたちの好意で、私だけの特別メニュー「ベジタリアン料理」が提供されるようになりました。それは、その後の四年間の在寮中、続いたのです。友人たちは、食事中、私のお皿を覗《のぞ》き見しながら「山形君の食事の方がおいしそうだな」などとよく言っていたものでした。

最近、人づてに聞いたのですが、寮の仲間だった友人が癌《がん》の手術をしてから、私の真似をしてベジタリアン食を実践しているということでした。

人類の創造当初、エデンの園で神様から人類に与えられた食物は「植物性食品（ベジタリアン食）」でした。神様は「種を持つ草と種を持つ実をつける木を、すべてあなたたちに与えよう。それがあなたたちの食べ物となる」（創世記一章二九節、新共同訳）と言われたのです。来るべき天国においても、動物を屠殺《とさつ》して肉を食べるようなことはないでしょう。アドベンチストは「植物性食品」こそが、人間に与えられた本来の食物であり健康的なものであることを信じ実践してきました。

現代医学は、アドベンチスト型ライフスタイルがいかに優れて健康的かを立証し、私たちはその祝福にあずかってきたのです。

現代の指導的な栄養学者ウォルター・ウィレット・ハーバード大学教授は、こう述べています。

「集積されてきた証拠は、ただ害になる因子を取り除くだけではなく、益になる食事を適切に摂取する重要性を強調している。ベジタリン食は新しい領域に入ってきた。非肉食は単に害を避けるだけではなく、はっきりした益をもたらすのである。アドベンチストは、この分野において多大な貢献をしてきた。アドベンチストの全ガン死亡率は、一般米国人に比較して男性で半分、女性で三分の一である」[5]

ありえない夢のような話ですが、もし日本から三大生活習慣病（癌・心臓病・脳血管疾患）による死がなくなったとしたら、日本人の寿命はどのくらい延びるのでしょうか。厚生労働省のデータによると、男性は六・九五歳、女性は五・七四歳、延びることになります。[6]

米国カリフォルニアの研究では、アドベンチストでベジタリアンの平均寿命は一般人に比較して、男性は七・二歳、女性は五・一歳も延びているのです。条件が違うため単純な比較はできないにしても、これは日本の三大生活習慣病による死を除去した場合に相当する「驚異的な延び」を示しているのです。

ところが、アドベンチスト教会が勧めているベジタリアン食に加え、あと四つのシンプルな習慣（定期的運動、ナッツの摂取、適正体重、喫煙無し）を実践している人は、一般カリフォルニア州民に比較して、約一〇年（男性一〇・八年、女性九・八年）も寿命が延びているのです。これは実に驚くべき事実なのです。[7]

最近、ベジタリアン食は「環境に優しい」ライフスタイルとして新たな脚光を浴びています。二〇一〇年、国連は地球温暖化対策として、畜産業が環境破壊の深刻な元凶であり、世界的なビーガン食（純ベジタリアン食）への転換が「必須で緊急の課題」であると勧告しています。[8]

「人類最古」の食事指針であるベジタリアン食は、健康的であり環境にも動物にも優しい「時代の最先端」を行くライフスタイルでもあるのです。[9]

神様から与えられたアドベンチスト型ライフスタイルを通して、私たちは、健康という素晴らしい祝福にあずかってきました。私たちの健康原則の実践は、戒律でもタブーでも律法主義でもありません。神様から与えられた大切な生命を最大限に健康的に保ちながら、いかに神様のご栄光を現すために生きるのかが問題なのです。パウロはこう言っています。

「だから、あなたがたは食べるにしろ飲むにしろ、何をするにしても、すべて神の栄光を現すためにしなさい」

（コリントの信徒への手紙一・一〇章三一節、新共同訳）

リベラルなキリスト教神学との遭遇

東大ＹＭＣＡ寮では、「夕祷」と呼ばれる夕礼拝が持たれていました。寮生が毎夕、順番に礼拝を担当するのですが、学部が異なり、専門分野の違う学生たちがそれぞれ自らの信仰を語る礼拝は、非常に新鮮で刺激的でした。

毎週木曜日の夜は、木曜聖研と言って聖書研究会が開かれていました。いろいろな立場の神学者や牧師の先生方が来てくださって、聖書や神学の講義をしてくれました。ある時、当時、新進気鋭のラディカルな新約学者として注目されていた八木誠一先生が講師として招かれました。その八木先生曰《いわ》く。
「イエスの復活は、イエスに起こった出来事ではなく、弟子たちの心の中に起こった出来事である」

まさに度肝《どぎも》を抜かされるようなリベラル神学の聖書講義でした。

この時代ほど、聖書やキリスト教神学やアドベンチスト神学と真剣に取り組んだ時期はありませんでした。特に二〇世紀のプロテスタント神学に最も影響を与え、3Bと並び称されたバルト、ボンヘッファー、ブルトマンらの著作を、十分に理解できないながらも一生懸命に読みふけっていました。特にブルトマンを巡る「非神話化論争」や、それに伴う「歴史とケリュグマ（史的イエスと宣教のキリスト）」論争は、私のアドベンチスト信仰にとっては大きなチャレンジでした。当時、「イエスの復活の史実性」を強調して登場してきたモルトマンやパネンベルグなど若手神学者の存在を非常に心強く感じたものでした。

東大YMCA寮での生活は、自分自身のアドベンチスト信仰の形成において、非常に貴重な役割を果たしてくれました。この時代の神学の学びは、一般キリスト教神学におけるアドベンチスト神学の立ち位置を理解する上でも重要な視点を提供してくれたのでした。

当時の寮生たちは、卒業後、それぞれがクリスチャンとして日本社会で指導的な立場で活躍するようになりました。卒業以来、五〇年も続いている彼らとの交流を通して、私の社会におけるキリスト者、そしてアドベンチストとしての生き方について、多くの刺激と影響を与えられてきたのでした。

社会の中のキリスト者

しばらく前、ある一通の手紙をいただきました。差出人を見ても、すぐに誰かはわかりませんでしたが、開けてみると、このように書いてありました。

「突然のお手紙にて失礼致します。山形様の書かれた『人間らしく死ぬということ』[10]を興味深く読ませていただきました。実は、私たちは、教養学部の同級生の名簿を整理しているところですが、この本の著者と私たちが探している山形君と符合する点が非常に多いのです。私たちが覚えている山形君は、たしか千葉県のミッション・スクールを出て、キリスト教が趣味だと公言していた程、熱心なクリスチャンでした。……もし、そうでしたら、是非、ご返事をいただきたいと存じます。もし、間違えでしたら、お許しくださいますように。……」

この手紙を読みながら、駒場の教養学部時代を懐かしく思い起こしておりました。毎日、大学では、なぜ自分はクリスチャンであるかを問われ、東大ＹＭＣＡの寮では、なぜ自分はアドベンチストであるかを問われていました。大学に入ったばかりの教養学部時代は、日本社会の中で、自分がキリスト者、そしてアドベンチストとしてどう生きるべきか、戸惑いつつ模索しながら不細工に生きていた時代だったとも言えるでしょう。

その頃、キリスト者であり東大教授でもあった隅谷《すみや》三喜男先生の「明治のキリスト者」についての記述に出会い、心からの共感を覚えたものでした。

「彼らは新しい内面的倫理を教えられたものとして、外観には頓着《とんちゃく》せず、むしろバンカラの良い見本であった。小倉の袴《はかま》をはいて腰には手拭いをぶら下げ、駒下駄《げた》を響かせながら、大手を振って、天下に我一人というような顔をして歩いていたものである。しかも身を持すること厳で、禁酒禁煙、節制勤勉であり、安息日は信仰の生命線として守った。彼らは一週一度、相会《あいかい》して説教を聞くと共に、一週間の信仰の闘いについて互いに胸襟《きょうきん》を開いて語りあうことを深い喜びとし、励みとしていたのである」[11]

日本社会にインパクトを与えた時代の思想として、亀井勝一郎氏は「明治のキリスト教、大正のデモクラシー、昭和の共産主義」と述べていますが、このような明治のキリスト者の生き方があって初めて、キリスト教が明治の日本社会にインパクトを与えるものとなったのでした。

安息日の聖別

大学入学にあたって、私は神様と一つの「個人的約束」をしました。それは「安息日の聖別」ということでした。それは、自分の人生において「神を第一とすることのシンボル」だったのです。

セブンスデー・アドベンチスト教会は、その名前が示すように第七日安息日の教理は、再臨信仰と共にアドベンチストの救いと贖《あがな》いの理解において、重要な意味を持ってきました。聖書は、安息日を大切な特別な日として扱っています。聖書はこう述べています。

「第七の日に、神は御自分の仕事を完成され、
　第七の日に、神は御自分の仕事を離れ、安息なさった。
　この日に神はすべての創造の仕事を離れ、
　安息なさったので、第七の日を神は祝福し、聖別された」
（創世記二章二、三節、新共同訳）

安息日とは、六日間にわたる創造の業《わざ》の後の、単なる休日ではありませんでした。創造週は、安息日をもって完成されたのです。創世記は、創造の業全体が安息日という目標に向かってなされたと教えているのです。人間存在を含めて世界の存在そのものが、安息日という目標に向かって存在しているのです。天地万物は「安息日における神との交わり」という祝福に向かって創造されたように、私たちの週日六日間のすべての活動は、第七日目の安息日の「神との平和（安息）」という祝福に向かって存在しているのです。

安息日は、まず神との関係を第一にするようにとの招きなのです。六日目に創造されたアダムとエバが、最初に迎えた日が安息日でした。人類の歴史はまず、安息日の「神との交わり」から始まったのです。私たちは、六日間の業をする前に、まず「神との交わり」、

すなわち「神との正しい関係」に入るように招かれているのです。

安息日はまた「十字架による贖い」完成の記念日でもあるのです。キリストは、十字架上で亡くなられた後、すぐに復活することもおできになったのですが、あえて安息日は墓の中で休まれたのです。神が創造の完成を祝って第七日目に休まれたように、キリストは、罪からの再創造（十字架の贖い）の完成を祝って第七日安息日を休まれ、日曜日に復活されたのです。

「安息日のメッセージは私たちに『神、我らと共にいます』という経験に入るようにと招く愛と信仰のメッセージ、すなわち、『神との平和（安息）』を得るようにとの福音のメッセージなのです。

この安息日に、私たちは、『神との交わり』への招きに応じて、自分たちの日常の活動を中断し、全てのものに優先して、この日一日を創造主にしてあがない主なる神に、聖別して捧げるのです。そのことによって、私たちは、神こそが創造主にして、救いの完成者であるという信仰を告白し、実践しているのです」[12]

安息日の授業と試験

入学後の最初の土曜日、私はクラスメートの誰にも言わず、黙って教会に出席しました。次の月曜日、登校すると、入学時から親しくなっていた友人が心配そうに駆け寄ってきて、こう言ったのです。

「山形、この間の土曜のドイツ語のクラス、どうしたんだ。いないもんだから代返しておいたよ」

当時は、今のように週五日制ではなく、毎週土曜日の午前中は授業がありました。授業もさることながら、一番の問題は期末テストでした。毎学期、必ず二～三科目が土曜日に引っかかりました。

大学の授業は年二学期制で、英語とドイツ語は必須科目で二年間を通しての授業でしたので、期末テストを受けられなかった場合、救済制度として、前学期の成績の七五％を申請できる制度がありました。毎学期、英語かドイツ語かが引っかかりましたが、先生にお願いして、特に問題なく見込み点をいただきました。

一年を通して履修しなければならない社会科学と自然科学も、欠席した場合、追試という救済制度がありました。追試を受ければ、その七五％が点数となりましたが、追試の許可を得ることは、さほど困難ではありませんでした。

問題は人文科学でした。二年間（四学期）に三科目（一二単位）を履修することが必須でした。開講されている多くの科目の中から好きな三科目を順に選択して履修すればよかったのです。人文科学は、週二回（火・土）二時間ずつの授業で、一学期で終了するものでした。四学期の間に三科目を履修すればよいため、追試や見込み点などの救済制度はなかったのです。そして、どういう訳か、人文科学だけは、いつも土曜日が期末試験日になっていました。

いろいろ調べると、一般の人文科学とは別枠で木曜午後に開講されているドイツ文学は、人文科学の単位として認められることがわかりました。それを履修し、無事に四単位を取得することができました。あとは残された二科目（八単位）を取ればよいのです。

情報収集に努めた結果、H助教授担当の教育学は、期末試験はなく、課題レポートだと判明しました。ところが彼の担当は文系の学生でした。教務課に交渉に行きましたが、理系の学生は、文系の教育学を履修できないと言われ断念しました。仕方なく理系のK教授の教育学を履修することにしました。K教授の教育学は、非常に興味あるものでした。彼は、戦後日本の教育界の卓越した指導者の一人で、多くの学ぶものがありました。ところが、学期の途中で、K教授は急に病《やまい》に倒れ、理系の教育学は休講となってしまったのです。急遽《きゅうきょ》、理系教育学は文系と合同となり、念願のH助教授の授業を履修することができました。期待していた通り、期末試験ではなくレポートとなり、これでやっと人文科学二科目（合計八単位）を取得できたのです。

神様は、私の祈りに応えて、人の思いを遥かに超えた奇跡ともいえる方法をもって道を開いてくださったのです。あと、もう一科目四単位が取れさえすればよいのです、ところが、この最後の一科目が、なかなかの難関でした。人間の目には全く不可能としか思えない事態に陥ってしまったのです。毎学期、人文科学の期末テストは、相変わらず土曜日になっていました。

その頃、私は毎朝、エレン・ホワイトの『各時代の希望』を通読していました。その中で非常に印象的な文章に出会いました。

「われわれは、主に心から奉仕することができさえすれば、何になってもよいし、あるいは何にもならなくてもよいのである。
われわれは、主のためなら、イエスにならって十字架を負い、
試練と恥と迫害に耐えることをよろこぶのである」[13]

これは非常に力強く、また心に響く文章でした。

「そうだ、主に心から奉仕できさえすれば、卒業しても卒業しなくても良いのだ。神の御心であれば卒業できるし、できなければ、神のご計画は違うところにあるはずだ。ただ示された道に従って歩みさえすればよいのだ」

キリストは仰せられました。

「狭い門からはいれ。滅びにいたる門は大きく、その道は広い。

そして、そこからはいって行く者が多い。

命にいたる門は狭く、その道は細い。

そして、それを見いだす者が少ない」（マタイによる福音書七章一三、一四節、口語訳）

「広い門から入る者が多い」というこの「多い」は、原語では「ほとんどすべての者」と

いう意味だそうです。ということは、狭い門から入る人は、ほとんどいないということになります。

「赤信号、みんなで渡れば怖《こわ》くない」と言われるように、周りの流れに身を任せ、時代の動きに調子を合わせていれば、ある意味で人生は楽で平和なのです。

しかし、キリスト者の歩む道は「狭き門」の歩みです。その道は細いのです。それは絶対的少数者の道です。みんなの望まない、みんなが避けて通るような道、人気のない道なのです。

しかし、それは同時にキリストと共なる歩みなのです。いかに道は険しく厳しくとも、私たちの心は平安と喜びに満たされています。なぜなら、キリスト自らが私たちを導きたもう道だからです。そしてこの道こそ、私たちの救い主キリストの歩まれた道であり、キリストが私たちと共に歩んでくださる道なのです。

安息日の祝福と喜び

大学時代、私は、毎週金曜日の授業が終わると、夕方、そのまま千葉県・楢葉の日本三育学院へ直行しました。そこには、私のためにいつも祈ってくれている父と姉がいました。

また、カレッジで神学を学んでいる高校時代からの信仰の友人たちがいました。教会の礼拝では、説教で語られるみ言葉の祝福にあずかりました。

安息日学校では、高校生の教課研究（現在の聖書研究ガイド）のクラスを担当させていただきました。安息日の教会生活は、祝福に満ち、非常に楽しく刺激と喜びに満ちたものでした。

六日間の大学生活で、信仰上の疑問や悩みがあれば、それを父にぶつけていました。父は自分の意見をあまり言わず、その代わり聖書や証《あかし》の書にはこう書いてあると教えてくれました。父は、聖書と証の書に関しては、まさに生き字引でした。私は、毎週の安息日が「待ち遠しくて、待ち遠しくて」仕方なかったのです。

ユダヤ教神学者エイブラハム・ヘッシェルは、その著書『安息日』の中でこう述べています。

「安息日は、人間の全神経と全的愛の奉仕、そしてひたむきな献身とを要求する。……安息日は、人生の巡礼の旅の目的なのである。週の間中、毎日、安息日を待ち焦《こ》がれるということは、とりもなおさず、私たちの人生すべての日々において、永遠の安息日を待ち焦がれるということなのである」14

そうこうしているうちに、当時の日本社会を根底から揺るがした「全共闘運動」が勃発《ぼっぱつ》したのです。あっという間に、大学の建物は占拠されて封鎖され、授業は中止に追い込まれました。

大学が封鎖されること十か月に及び、最終的には東大の象徴である安田講堂の攻防戦となりました。この光景はテレビを通して全国中継されました。安田講堂の五〇〇名の籠城《ろうじょう》学生に対して八五〇〇人の機動隊が投入されました。二日間にわたる激しい攻防戦の末、安田講堂は鎮圧され、やっと大学は「正常化」したのでした。

神の不思議な解決法

全共闘による大学封鎖が始まったのは、期末試験の直前でした。大学の「正常化」後、まず大学当局のなすべき課題は期末試験の実施でした。早速、期末試験のスケジュールが掲示板に貼り出されました。いつものように、まず土曜日の予定表を見ました。従来と全く同様に、人文科学の試験は土曜日に組まれていたのです。

機動隊にキャンパスを追われた全共闘の学生たちは、大学正常化に強く反対していました。いざ期末試験を実施しようとした時、全共闘学生たちは期末試験の実力阻止声明を出したのです。大学側は、期末試験の実施は不可能と判断し、急遽中止となりました。

その代わり、全科目郵送による「課題レポートの提出」となったのです。郵送で「課題問題」が送られてきて、レポートを書いて提出しました。それにより、やっと念願の人文科学の最後の四単位を取得することができたのです。

「ハレルヤ、主は、ほむべきかな!」

私にとって、この体験は「神のなし給うた奇跡」以外の何物でもありませんでした。不可能と思われた単位取得が、九〇年余の東大史上未曾有《みぞう》の大事件によって見事に解決されたのでした。

もちろん、全共闘運動は私の安息日問題のために起こったのではありません。しかし、すべての者の必要を知り給う全能の神は、その遠大な神のご計画の中で、さらに社会の大きな動きの中で、一人一人の必要をも同時に満たしてくださる神であることを体験することができたのです。通常、二年で終わる駒場の教養学部は三年かかりましたが、無事に終え、本郷キャンパスに進学できました。

私たちが、神の奇跡を体験する時は、どのような時でしょうか。出エジプト時、ヨルダン川の水が奇跡的に開かれたのは、祭司たちが、まず川に足を一歩踏み入れた時でした。

「春の刈り入れの時期で、ヨルダン川の水は堤《つつみ》を越えんばかりに満ちていたが、箱を担ぐ祭司たちの足が水際に浸《ひた》ると、川上から流れてくる水は、はるか遠くのツァレタンの隣町アダムで壁のように立った」（ヨシュア記三章一五、一六節、新共同訳）

ここに、箱を担ぐ祭司たちの「**足が水際に浸ると**」と書かれています。彼らは神の奇跡を待ってから足を踏み出したのではありませんでした。彼らはまず足を踏み出したのです。信仰をもって踏み出した時、彼らは初めて神の奇跡を体験したのです。神の奇跡は、信仰をもって踏み出さない限り、決して体験できないものなのです。

一七世紀の英国の詩人ジョン・ミルトンは、神の摂理とお導きについて、こう表現しています。

「あの力（神の摂理）、それを人は誤って、偶然と呼ぶ[15]」
(That power which erring men call chance.)

祈りのない世界では、すべては偶然なのです。しかし、祈りの世界では、私たちは信仰によって、すべての出来事の中に、神様のお導きを見るのです。たとえ、自分の希望した通りにかなえられなくても、信仰によって私たちは、神がすべてを支配し、神の御心にかなった道を開いてくださることを知るのです。

「神は、神を愛する者たち、すなわち、ご計画に従って召された者たちと共に働いて、万事を益となるようにして下さることを、わたしたちは知っている」
（ローマ人への手紙八章二八節、口語訳）

安息日問題にぶつかった時

その後、本郷の理学部に進学してからも、毎学期、安息日問題は必ず生じました。しかし、そのたびに、神は不思議な方法を通して、道を開いてくださったのでした。

ある時、実習が土曜日にかかっていました。私は、前もって先生の部屋を訪ね、「何かお手伝いをすることはありますか」と聞いてみました。先生は喜んで部屋に招き入れてくださり、いろいろ世間話などしながら、お手伝いをさせていただきました。

夕方、一段落をして、帰ろうとすると先生はこう言われました。

「山形君、どう？　今から一杯、飲みに行かない？」

この時とばかり、安息日の問題をお願いしました。

「それはよろしいのですが、先生に一つお願いがあります。実は、土曜日はいつも教会に行っているのです。すみませんが、今度の実習の最終日は、欠席させていただいてもよろしいでしょうか」

先生は即座に「大丈夫だよ」と、機嫌よく承諾してくださいました。

もう一つ、印象深い出来事がありました。いよいよ理学部四年の卒業前の最後の実習予定が発表されました。その実習は月曜から土曜日までびっしり組まれていました。担当教官はO専任講師（今は名誉教授になっておられますが）で、その当時、彼は留学帰りの新進気鋭の若手教官でした。授業中、実習の説明がありました。そして、彼はこう付け加えたのです。

「卒業前の大切な実習であるから、一回でも欠席すれば、単位は取れないので覚悟するように」

一瞬ドキッとしました。

O先生は、私がいつも土曜日は授業に出ていないことを知っているはずなのに……。

実は、以前、教室のコンパ（懇親会）の席で、このO先生から呼び出されたことがありました。コンパの席で私がいつも気を使っていたことは、いかに雰囲気を壊さずにアルコールを断るかということでした。しかし、この頃には私がアルコールを飲まないことは、みんなの知るところとなっていました。

O先生に「ちょっと山形君」と手招きされて呼び出され、誰もいない奥の廊下の隅に連れていかれました。何のことかと思いきや、先生は、隠し持っていたお猪口《ちょこ》をそっと差し出しながら、小さな声でこう言いました。

「山形君、誰にも言わないから、ちょっと飲まないか？」

「誰も見ていなくても、神様は見ている」とは言いませんでしたが、丁重にお断りしました。

そんな出来事を思い起こしながら、O先生の講義を聞いていました。授業が終わり次第、先生のところに行ってお願いしました。

「先生、土曜日はいつも教会に行っています。大変ご迷惑をおかけして本当にすみません。今度の土曜の実習は失礼させていただきたいのですが……。単位をいただけないなら仕方ありません」

一瞬、O先生は驚いたような表情をしました。そして一呼吸おいてから、「山形君、わかった」と一言、言ってくださいました。無事に理学部最後の単位が取れて卒業となり、内定していた理系大学院に進学することができました。

デューク大学神学部教授ノーマン・ウィルズバは、その著書『安息日を生きる——安息と喜びのリズムの発見』という本の中で、このように言っています。

「安息日を守るということは、生命を賦与《ふよ》し生命を豊かにする神の方法に調和する宗教的生き方を完成させることを示唆《しさ》するのである。言い換えれば、安息日なしには、信仰そして人生そのものさえも、その最も基本的でかつ包括《ほうかつ》的な方向性と目的を失う危険性に陥るのである。

私たちの安息日への献身の度合いは、私たちが、どの程度、神への従順と神との交わりにおいて成長しているかを示す尺度となる。私たちの安息日への献身は、私たちの習慣と優先順位とを、神が望まれているような方法と意図に調和させているか否かの証しとなるのである[16]」

我が人生の分岐点

「かの時に　我がとらざりし　分去《わかさ》れの　片えの道は　いづこに行きけむ」

（あの時に、自分が選ばなかったもう一方の道は、どこへ行くことになっていたのでしょう）

この歌の作者は、どなたでしょうか？　美智子皇后陛下（当時）の戦後五〇年の年の歌です。

皆様も、それぞれ、重大な人生の分岐点に立たされた時があったことと存じます。その時の決断が、皆様の今日の歩みにつながっているのです。

私自身は、荒廃した東大キャンパスの中で、もう一度、自分の人生、そして自分の将来を問い直す機会が与えられました。神様の導きを求めてひたすら祈りました。自分の職業そのものが、そのまま神と人とに仕えるもの、そして神と人とに喜ばれるものでありたいとの思いから、医者の道への願望が日に日に強くなっていきました。亡き母の「医者になってほしい」との願いもありました。その母の願いの理由は単純でした。戦時中、政府の弾圧で牧師が逮捕されるという辛い経験をした母の思いは、「医者なら最後まで神様にご奉仕できるから」というものでした。祈っているうちに、「神の建てられたアドベンチスト教団の医学部である米国のロマリンダ大学に留学したい」との気持ちが次第に強くなっていきました。

一番楽な道は、そのまま大学院の研究を続けることでした。国立ですから授業料も安いのです。当時授業料は、年間一万二千円で、一月あたり千円でした。

他方、医者への道・米国留学の道は、不可能と思える多難な道であり「高嶺の花」でした。特に経済的には非常に厳しい不可能とも思える道でした。

「もしみ心なら、医者の道、ロマリンダ留学への道を開いてください」と、ひたすら神様のみ心を求めて祈っていました。

とある日、差出人不明の小包が送られてきました。それにはこう書いてありました。

「米国留学して医者になりたいということをお聞きしました。そのためにお使いください」

小包の中には、なんと現金七〇万円が入っていたのです。什一献金を差し引くと、残りは六三万円でした。この六三万円は、片道の旅費、学校が要求している留学生の保証金と最初の学期の学費・生活費をちょうどカバーする額でした。まさに必要とする金額とぴったり符合したのです。神様は、私の祈りと願いをはるかに超えて聴き届けてくださり、ある人の心を動かしくださったのです。

「あなたが右に行き、あるいは左に行く時、
そのうしろで『これは道だ、これに歩め』と言う言葉を耳に聞く」

（イザヤ書三〇章二一節、口語訳）

私は、信仰の耳を通して、うしろでささやく神の声を聞き、留学の決断をしました。最初の学期以降の授業料や生活費の保証はありませんでした。しかし、「神のみ旨ならば、必ず道は開けるはずである」、大学での不可能と思われた安息日の問題を解決してくださった神様との生きた信仰体験がありました。この奇跡の神体験こそが、その後の信仰の歩みにおいて、大きな力と支えになったのでした。

米国への留学

一九七二年六月、荒れ果てた東大キャンパスを後にして、羽田から米国へ旅立ちました。一年間のパシフィック・ユニオン大学での学びを経て、一九七三年九月、ロマリンダ大学医学部に入学を許されました。

ここにおいて「全人的ケア」や「スピリチュアル・ケア」、そしてエレン・ホワイトを通して与えられた「メディカル・ミニストリー（医療伝道）」のビジョンや「アドベンチスト型ライフスタイル」の原則とその効用など、アドベンチストの大学でしか教えられない貴重な学びをすることができました。

医学が留学の第一目的でしたが、それに加えてもう一つの大きな収穫は、現代アドベンチスト神学の広さと奥深さを実感として知ったことでした。特に、アドベンチスト信仰の再確認を行うことができたことは、非常に感動的で喜びに満ちた体験でした。

私が留学した一九七〇年代は、まさにアドベンチスト教会のふるいの時でした。アドベンチスト信仰の根幹にかかわるような問題が次々と出てきました。まず「信仰による義」の論争、そして、エレン・ホワイトの「霊感」への挑戦、そして当時の指導的神学者であったデスモンド・フォードによる「聖所の教理」の否定と、それに関係する論争が続いて起きてきたのです。

ロマリンダ大学図書館のアドベンチスト・ヘリテージルーム（アドベンチスト歴史資料館）は、豊富なアドベンチスト資料の宝庫で、私の個人的な聖書の学びに大きな助けを与えてくれました。私は、第一線の牧師や神学者たちが、絶えず新しい真理を求めつつ、真剣に神学の現代的課題と取り組んでいる姿に非常な感動を覚えたものでした。彼らこそが、アドベンチスト神学の地平線を切り開き、より深い真理への洞察をしてきたのでした。そこで教えられたことは、「ダイナミックな真理理解」ということでした。

留学前、私はアドベンチストの教理・神学は、すでに出来上がったもの、完成されたものと勝手に思い込んでいました。しかし、これらの学びを通して、私たちの教会としても、まだまだ学ぶべき広い真理、探究すべき深い「救いの奥義」があること、すなわち『真理のダイナミックな理解』との必要性を、はっきりと教えられたのでした。

『各時代の大争闘』の最終頁に、次のような「天国の描写」があります。

「永遠の年月が経過するにつれて、神とキリストについてますます豊かでますます輝かしい啓示がもたらされる。知識が進歩していくように、愛と尊敬と幸福も増していく。人々は神について学べば学ぶほど、ますます神のご品性に感嘆するようになる」[17]

天国において、救われた者たちは「永遠」にわたって、神とキリストについて、そして救いの奥義について学び続けるのです。もしそうであるならば、この地上での私たちの神学・教理はまだまだ未熟で不完全なものにすぎないのは当たり前のことなのです。

エレン・ホワイトは次のように述べています。

「神の言葉はすべての時代に特別な真理を提示する。……神はその民を一歩一歩導いておられる。真理は漸進的《ぜんしん》であるう。熱心に求める者は絶えず天から光を受けるであろう」[18]

「私たちがより大きな光を受けるのは、私たちが理解しうる真理に従いながら、私たちに与えられる光の中に歩む時である。私たちは、私たちの先輩たちが百年前にもっていた光だけを受け入れるという言い訳は許されない」[19]

神の不思議なお導き

八年半の留学生活を終えて、一九八〇年一一月、日本に帰国しました。それ以来、神戸アドベンチスト病院にて、内科医、そしてホスピス医として働かせていただきました。

今から振り返ってみると、若き青年時代、自分自身が歩んできた道は、当初、思いもつかなかった道でした。人間の目には、どんなに不可能に見える状況においてさえも、神が不思議な方法をもって解決し、道を開いてくださることを、何度も体験してきました。

「数えてみよ、主の恵み」という讃美歌がありますが、今までの人生を振り返ると、それはまさに「神の恵みの奇跡」の連続であったのです。

「天の父なる神は、私達が思いつくこともできない多くの道を、私たちのために備えておられる。神に奉仕し、神のみ栄えを現すことを最高のものとするというただ一つの原則を受け入れる者は、様々な困難が消え去り、平らな道が開かれてゆくのを発見するであろう[20]」

この「多くの道」は、英文では「一千もの方法」と書かれているのです[21]。私たちにとって不可能に思えるような困難に遭遇する時でさえも、天の父なる神は、私たちが思いつくこともできない一千もの道を、私たちのために備えておられるのです。私たちの全能の神の道は、私たち有限な人間にとっては実に「測りがたい道」なのです。

パウロはこう言っています。

「ああ深いかな、神の知恵と知識との富は。
そのさばきは窮《きわ》めがたく、その道は測りがたい」（ローマ人への手紙一一章三三節、口語訳）

たとえすべてを理解できなくても、「神は、神を愛する者たち、すなわち、ご計画に従って召された者たちと共に働いて、万事を益となるようにして下さることを、わたしたちは知っている」のです（ローマ人への手紙八章二八節、口語訳）。それだからこそ、私たちは、自分自身の計画や考えではなく、ただ神様の「み心が行われますように」と、祈りながら信仰の道を歩んでいくのです。

み心が行われますように　　作者不詳

日は暗く、空は曇り、私の計画がことごとく挫折《ざせつ》してしまった時
愛する主よ、わたしにかく言う力をお与え下さい、み心が行われますようにと
たえまなく悩みが襲いかかり、苦しみで私の心がひるむ時
心を鎮めてかく祈る力をお与え下さい、み心が行われますようにと
主よ、あなたはご存じです。いくたび私がそむき去ったかを

み心が行われますようにと　かく祈りたいながらも
教えて下さい、愛する主よ、あなたの備えている道を歩むべきことを
そして私の支えとなって下さい、日ごと日ごとに、み心が行われる道で

世界総会のホワイト図書刊行会の壁に「狭き道なるキリスト」と題する絵が掲げられています。この絵には、次のこのような言葉が添えられています。

「私たちは、主が私たちを導かれた方法と過去の歴史における主の教えを忘れない限り、将来に対して恐れるものは何もない[22]」

キリストの道は狭き道であり、キリストに従う者の歩む道もまた狭き道なのです。しかし、いかに道は険しく狭くとも、それは私たちの愛する主キリストと共に歩む道であり、キリストの祝福に満ちた道なのです。私たちは、過去におけるキリストのお導きと教えをしっかり心に刻みつつ、それぞれに与えられた信仰の道を歩んでいく者となりたいと思い

ます。

[脚注]

1　初出　セブンスデー・アドベンチスト神戸有野台キリスト教会・礼拝説教　二〇一六年一〇月二二日
原題「アドベンチスト信仰——そのルーツと継承」を元に加筆したものである。

2　Ellen G. White, Desire of Ages, p.330　邦文の相当箇所は『各時代の希望』文庫判中巻、七一頁

3　二〇一八年末現在、全世界のアドベンチスト教会員は、二一四一万人と報告されている。

4　山形俊夫編　山形たけ子追悼録『神を見出した人生』一九八二年、八頁～一二頁

5　Dr. Walter Willet, 3rd International Congress on Vegetarian Nutrition, March, 1997

6　Gary Fraser and David Shavlik, "Ten Years of Life: Is It a Metter of Choice?" Archives of Internal Medicine, July 2001, pp.1645-52

7　厚労省：三大疾患を除去した時の平均寿命の延び（二〇一六年）

8　Assessing the Environmental Impacts of Consumption and Production, United Nations Environment Programme (UNEP), 2010

9　日本ベジタリアン学会・日本ベジタリアン協会編／垣本充・山形謙二他：VEGETARIAN-ism 二一世紀のライフスタイル『ベジタリアニズム』フードジャーナル社

10 山形謙二『人間らしく死ぬということ』海竜社、一九九六年

11 隅谷三喜男『近代日本の形成とキリスト教』新教出版社、一九六一年、三二頁

12 山形謙二『主よ、み国を』福音社、一九九五年、一五〇頁

13 エレン・ホワイト『各時代の希望』文庫判中巻、二八一頁

14 Abraham Joshua Heschel, The Sabbath：Its Meaning for Modern Man, The Noonday Press, 1977, p.17, pp. 90-91

15 John Milton, "That power which erring men call chance." Line 587.（詩集Comusより）

16 Norman Wirzba, Living the Sabbath, Discovering the Rhythms of Rest and Delight, Brazos Press, 2006, p.13

17 エレン・ホワイト『各時代の大争闘』下巻、福音社、四六七頁

18 Ellen G. White, Signs of the Times, May 26,1881

19 Ellen G. White, My Life Today, p.310

20 Ellen G. White, Desire of Ages, p.330　邦文の相当箇所は『各時代の希望』文庫判中巻、七一頁

21 英文では次のように表現されています。

Our heavenly father has a thousand ways to provide us, of which we know nothing. Those who accept the one principle of making the service and honor of God supreme will find perplexities vanish, and a plain path before their feet.　Ellen White, Desire of Ages, p.330

22 Ellen G. White, Life Sketches, p.196

あとがき

このたび、福音社のご厚意により、説教・講演集『見えないものに目を注いで』を出版する機会が与えられましたことを感謝しております。説教・講演集としては、『負わされた十字架』『いのちをみつめて』に続き三冊目になりますが、今回は、礼拝説教・伝道講演の中から八編を選び、書物向けに加筆訂正してみました。それぞれの説教・講演は完結しておりますので、どこから読み始めていただいても良いかと思います。

今回の書物の特長は、キリスト信仰に生きた人たちを中心に紹介してみたことです。キリスト信仰は理論ではなく体験です。それは、キリストとの出会いの体験であり、キリストと共に生きる体験、キリストに生かされる体験、そしてキリストが私たちのうちに生きたもう体験なのです。

使徒パウロは「生きているのは、もはや、わたしではない。キリストが、わたしのうちに生きておられるのである」（ガラテヤ人への手紙二章二〇節、口語訳）と言っています。神学者ディートリヒ・ボンヘッファーは、この聖句を解説して「イエス・キリストのご生涯は、この地上ではまだ終わっていない。キリストはそのご生涯をキリストに従う者たちの生活の中でさらに生き給う」と述べています。私たちもキリストが自分のうちにあって生きておられるという素晴らしいお恵みにあずかる者になりたいと思います。

最後の「わがアドベンチスト信仰――そのルーツと継承」は、神戸有野台キリスト教会で語った青春時代の信仰体験を今回書物用に大幅に加筆してみたものです。大学時代、激動する日本社会のただ中で、いかにキリスト者そしてアドベンチストとして生きるかを模索しながら試行錯誤した体験です。少しでも同じような体験をしておられる兄弟姉妹方の信仰生活のご参考になれば、望外の喜びとするものです。

最後に出版にあたり、「推薦のことば」を書いてくださった教団総理島田真澄先生、一方ならぬお世話になった福音社の編集長花田憲彦先生はじめ編集部の方々に心からの御礼を申し上げます。

この本が神様のご栄光を現すものとなることを祈りつつ……。

二〇二〇年二月　　神戸有野台にて　　山形謙二

山形謙二●やまがたけんじ

東京大学理学部卒、米国ロマリンダ大学医学部卒、
同大学病院にて内科専門医課程修了。

1981年　神戸アドベンチスト病院内科医長
1992年　同病院に兵庫県下初のホスピス病棟開設
2001年　同病院院長
2016年　同病院名誉院長、現在に至る。

米国内科学専門医、米国内科専門医会フェロー、
米国ホスピス緩和医療学専門医。
日本ベジタリアン学会副会長、日本スピリチュアルケア学会評議員、
日本ホスピス財団理事、神戸YMCA理事。

2014年　ホスピスの先駆的働きにより兵庫県社会賞受賞・兵庫県功労者
2015年　兵庫県医師会功績賞受賞・功績会員
2016年　『隠されたる神』がキリスト教出版販売協会による「これだけは読んでおきたいキリスト教書100選」に選定される。
2018年　日本ベジタリアンアワード大賞受賞

著書：『隠されたる神——苦難の意味』『負わされた十字架——逆境の中で』『いのちをみつめて——医療と福音』（キリスト新聞社）、『人間らしく死ぬということ—ホスピス医療の現場から』（海竜社）、『主よ、み国を！——現代SDAの使命とその存在意義』（福音社）、『VOPバイブルスクール基礎講座』（セブンスデー・アドベンチスト教団）
共著：『愛に基づくスピリチュアルケア』（聖学院大学出版会）、『ホスピス入門』（行路社）『がん治療：さまざまな選択』（エピック社）、『VEGETARIAN-ism 21世紀のライフスタイル』（フードジャーナル社）など

見えないものに目を注いで——キリスト信仰に生きた人たち

2020年4月1日　初版第1刷　発行

［著者］　山形謙二

［発行者］　島田真澄

［発行所］　福音社

〒190-0011 東京都立川市高松町 3-21-4
ハイブリッジ立川 202
042-526-7342（電話）　042-526-6066（Fax）

［印刷所］　（株）平河工業社

 ISBN 978-4-89222-532-1